PAIS ADMIRÁVEIS EDUCAM PELO EXEMPLO

CRIS POLI

PAIS ADMIRÁVEIS EDUCAM PELO EXEMPLO

mundocristão
São Paulo

Publicado por Editora Mundo Cristão

Os textos das referências bíblicas foram extraídos da *Nova Versão Internacional* (NVI), da Biblica Inc., salvo indicação específica. Eventuais destaques nos textos bíblicos e citações em geral referem-se a grifos da autora.

Dados Internacionais de Catalogação na Publicação (CIP)
(Câmara Brasileira do Livro, SP, Brasil)

Poli, Cris

Pais admiráveis educam pelo exemplo/Cris Poli. — 1. ed. — São Paulo: Mundo Cristão, 2013.

1. Crianças - Criação 2. Educação de crianças 3. Pais e filhos
4. Papel dos pais 5. Valores (Ética) 6. Virtudes I. Título.

13-04990 CDD-649.1

Índices para catálogo sistemático:
1. Criação de filhos : Pais e mães : Vida familiar 649.1
2. Pais e mães : Criação de filhos : Vida familiar 649.1
Categoria: Educação

Publicado no Brasil com todos os direitos reservados pela:
Editora Mundo Cristão
Rua Antônio Carlos Tacconi, 79, São Paulo, SP, Brasil, CEP 04810-020
Telefone: (11) 2127-4147
www.mundocristao.com.br

1ª edição: julho de 2013
1ª reimpressão: 2014

Dedico este livro aos pais que têm entendido a importância do exemplo pessoal na educação dos filhos. E a todos os educadores que também servem de referencial, em alguns momentos, na vida dessas crianças.

SUMÁRIO

Agradecimentos 9
Apresentação 11
Prefácio — O fruto do Espírito 15
Introdução 19

1. Filhos amorosos 23
2. Filhos alegres 46
3. Filhos pacíficos e pacificadores 65
4. Filhos pacientes e tolerantes 78
5. Filhos amáveis 93
6. Filhos bondosos 107
7. Filhos fiéis 124
8. Filhos mansos 137
9. Filhos com domínio próprio 152

Uma palavra final 165
Notas 167
Sobre a autora 173

AGRADECIMENTOS

A MEU MARIDO, PELO APOIO e a força em cada novo desafio de Deus. E a meus filhos, pela experiência de vida que, como pais, adquirimos enquanto os criamos e educamos.

A Deus, pela oportunidade que tem me dado de conhecer as verdadeiras necessidades das famílias e poder ajudar, de alguma forma, na educação dos filhos. Obrigada, Senhor, pelo amor com que nos recebeu, curou, transformou e edificou. Hoje somos uma família unida por esse grande amor.

APRESENTAÇÃO

QUANDO O PROGRAMA *SUPERNANNY* estreou na Inglaterra, em 2004, tornou-se imediatamente sucesso de audiência. Pudera. A ideia que o originou é extremamente simples e cativante: uma educadora muito bem preparada ajuda pais desorientados a solucionar os problemas de comportamento de seus filhos. E que atire a primeira pedra o pai ou a mãe que não gostaria de ter uma dessas *superbabás* ao seu lado, nem que fosse por alguns dias, para resolver aqueles problemas que parecem impossíveis.

Não demorou para o bem-sucedido *reality show* ganhar franquias pelo mundo. No Brasil, a estreia ocorreu dois anos depois, quando a educadora argentina radicada no Brasil Cris Poli assumiu a tarefa desempenhada no programa original por Jo Frost. O sucesso veio com o impacto do choro de uma criança.

No ar, Cris Poli já ajudou mais de cem famílias. A cada programa, inumeráveis pais e mães aprendem suas técnicas, avaliam os próprios erros e descobrem formas mais eficientes de criar os filhos. Antes que ela visitasse esses milhares de lares semanalmente pela tela da TV, muitos casais tinham crianças intratáveis e aparentemente irrecuperáveis ou agiam mais com a vara e o grito do que com psicologia e inteligência. Esse é um dos maiores méritos da *Supernanny*: ensinar a incontáveis casais despreparados o que ninguém nunca lhes havia ensinado e, assim, melhorar sua vida familiar. A cada episódio, ela observa a rotina de uma casa, aponta mudanças, por vezes vira de cabeça para baixo o cotidiano de pais e filhos — uma autêntica renovação da mente, como o apóstolo Paulo aponta, na Bíblia, em sua carta aos romanos. O resultado até aqui foram muitos finais felizes.

Não é fácil ser uma educadora com tanta visibilidade. Qualquer erro está debaixo do crivo de milhares de olhos atentos por todo o Brasil — a responsabilidade é enorme. Por isso, é preciso muita experiência para tomar decisões que mudam vidas à frente de câmeras de televisão, com firmeza, mas sem perder a ternura. Ser a *Supernanny* não é fácil nem é algo que se construa da noite para o dia, exige muita estrada. Cris Poli tem quase meio século de casada, é mãe de três filhos, avó de cinco netos e traz consigo décadas de estudo e prática na educação de crianças. Essa bagagem dá aos pais a confiança de que estão aprendendo com uma especialista que, assumidamente, já errou muito, estudou bastante, pôs tudo o que ensina em ação múltiplas vezes e que, por tudo isso, é alguém em quem se pode confiar.

O mesmo se dá quando Cris traz sua *expertise* para a literatura. Nesta obra ela desnuda a enorme responsabilidade dos pais de transmitir os valores mais importantes que existem por meio do exemplo pessoal. No melhor estilo "falar é fácil, fazer é que são elas", *Pais admiráveis educam pelo exemplo* aponta como devemos agir — como livros didáticos vivos que somos — para que nossos filhos recebam lições de vida cruciais a partir de ações, muito mais do que de palavras. Portanto, esta obra conduz o leitor não só ao aprendizado, mas a uma profunda reflexão sobre si mesmo. Porque, de repente, o problema do seu filho não está no seu filho: está em você.

Cris Poli tem como uma de suas principais qualidades viver o que ensina. Ao receber o texto deste livro pela primeira vez, para apreciação, após ter sido editado, como única alteração solicitou ao editor que incluísse na narrativa o nome de seus filhos, netos e até da nora, para que ninguém se sentisse excluído ou triste por não ter sido citado. Isso demonstra seu cuidado com o coração de cada filho e dos filhos dos filhos. O fato de sua única preocupação ter sido com algo que concerne ao bem-estar da família é revelador e fala muito: a *Supernanny* de fato aplica seus ensinamentos à própria vida e, com isso, dá o exemplo.

Que esta obra o edifique e traga muitos frutos. Seu grande mérito é ir além de transmitir técnicas e métodos, mas estimular uma reformulação do indivíduo e a construção de pessoas melhores para, assim, criar filhos com valores cada vez mais sólidos. É impossível um pai ou uma mãe chegar ao final das próximas páginas sem uma reflexão acerca de como tem agido e do que pode fazer para mudar a si mesmo e, com isso, formar filhos que venham a se tornar cidadãos exemplares. É o que você gostaria para as suas crianças? Então este livro é para você.

Boa leitura!

MAURÍCIO ZÁGARI
Editor

PREFÁCIO

O FRUTO DO ESPÍRITO

No mundo de hoje, buscamos muitas coisas, temos muitos sonhos e, entre eles, sem dúvida está a formação dos nossos filhos — principalmente no que se refere a seu caráter e sua personalidade. Nesse sentido, este livro é um presente de Deus para as famílias.

À luz da preciosa mensagem que ele transmite, entendemos que há um caminho melhor e mais excelente. Simples, porém perfeito. Já no título, *Pais admiráveis educam pelo exemplo*, fica claro que só podemos ensinar aquilo que vivemos, como bem disse a minha querida amiga Cris Poli: "Somos um manancial de influências e tudo aquilo que fluir das nossas palavras e atitudes refletirá diretamente nos nossos filhos".

A pergunta, então, é: quais virtudes devemos passar a eles — e de que modo — para que a próxima geração faça a diferença? A resposta da autora está em um fruto que não é colhido de uma árvore comum. Pode parecer estranho dizer isso, pois, ao usarmos a palavra *fruto,* imediatamente a associamos a algo comestível, que podemos tocar ou cheirar. Mas esse é um fruto especial. Tem características semelhantes quanto à manifestação de frutas no mundo natural, mas com uma forma viva. Não produz cheiro, não tem gosto, mas podemos senti-lo pelos mesmos meios por intermédio dos quais o nosso ser entra em contato com a natureza criada.

Seu nome é *fruto do Espírito*.

Somos mais conhecidos e compreendidos pelas nossas reações do que pelas nossas ações. Pelo simples fato de que, em qualquer situação do dia a dia, reagimos de imediato e, eventualmente, sem analisar os resultados. Isso ocorre com a maioria de nós, seres humanos, e é dessa forma que nosso caráter é apresentado à sociedade em que vivemos. Alguns aspectos intrínsecos à nossa personalidade estão tão arraigados em nosso ser que somos impelidos a reações que nem sempre agradam o nosso próximo e ocasionalmente, nem a nós mesmos. Quantas vezes você já se perguntou "Por que fiz isso? Por que respondi de forma tão rude?".

Ai é que entra esse *fruto* ao qual estou me referindo e que serve de ponto de partida para este maravilhoso livro. Quem trouxe à luz esse conceito foi um dos autores mais lidos de toda a história da humanidade, Paulo de Tarso. Personagem brilhante, influenciou diretamente milhares de pessoas pelo seu caráter e pelas tremendas perspectivas de vida que trazia às discussões em que se envolvia — e que deixavam perplexos os sábios de sua época. É interessante notar que Paulo atribuía todo o seu conhecimento às raízes familiares. Mas, num dado momento de sua vida, foi impactado pelos ensinos de um rabino revolucionário, chamado Jesus, de quem se tornou apóstolo.

Em uma carta escrita para cristãos de determinada região chamada Galácia, atual Turquia central, ele refere-se a algo extraordinário, que mexe com nosso caráter de forma profunda e impactante: o fruto do Espírito. Nessa carta, que acabou sendo incluída na Bíblia cristã, somos ensinados acerca desse fruto, composto de nove partes — ou virtudes, como as chamamos: amor, alegria, paz, paciência, amabilidade, bondade, fidelidade, mansidão e domínio próprio.

Cada uma dessas partes é abordada cuidadosamente nos capítulos deste livro, trazendo elucidação ao leitor sobre a necessidade de entendermos e vivermos essas virtudes, para que sejamos, como pais, exemplos para nossos filhos. E, também, como homens ou mulheres, para que nossa vida seja exemplar em todos os aspectos. Somente com a presença constante e viva desse fruto em nós é que seremos capazes de ensinar virtudes a nossos filhos, mesmo envoltos em tanta intolerância e maldade.

Sabemos que nossos filhos agem muito mais conforme o que veem seus pais fazer do que segundo aquilo que lhes é dito para fazer. Assim, cabe a pergunta: o que estou fazendo para influenciar meus filhos de tal forma que não se desviem dos caminhos retos e tenham ética em tudo o que fizerem? Certamente algumas respostas virão à nossa mente, quanto à escola em que os matricularemos, ao bairro em que vamos morar, aos lugares que frequentaremos e por aí vai. Sempre procurando preservar nossos filhos.

Mas qual é o critério para tudo isso? Qual é o padrão de princípios éticos que hoje se disponibilizam nas escolas ou em outras instituições? Temos em nossas mãos um verdadeiro compêndio de como desenvolver e utilizar as virtudes do fruto do Espírito, a fim de nos tornarmos homens e mulheres capacitados para viver uma vida mais digna. Ensinando nossos filhos como se portar em uma sociedade que tem se perdido nas últimas décadas em todos os princípios que sustentam uma família.

Para concluir, vale notar um aspecto significativo do fruto do Espírito: a primeira de suas virtudes é o amor. Pois, sem amar, jamais viveremos a plenitude de vida que Deus tem para nós — pois ele é amor.

João Arcos
Pastor de Cris Poli na Igreja Cristã do Morumbi,
em São Paulo (SP)

INTRODUÇÃO

Nenhuma pessoa é uma cópia exata de seu pai ou de sua mãe. Cada um de nós é um ser único, com características próprias, qualidades e defeitos específicos e personalidade e temperamento bem definidos. Mas há um aspecto em todos os indivíduos que pode receber uma influência muito forte de seus pais: o caráter. É o caráter que vai determinar se você será honesto ou trapaceiro, bom ou mau, ético ou corrupto, digno ou de má índole. Em outras palavras, se será alguém que trará uma contribuição positiva ou negativa para a sociedade e o mundo em que vivemos.

Desde a mais tenra infância, todos estamos abertos a influências. Dia após dia, a criança recebe instrução de forma oral e observa os exemplos ao seu redor. E essas informações são absorvidas, processadas e transformadas em traços de caráter. Por isso, se o seu filho cresce em um ambiente em que todos se comportam de forma virtuosa, a probabilidade de que ele desenvolverá virtudes é enorme. Claro que isso não é uma ciência exata, mas crianças são como esponjas, que sorvem tudo o que ouvem e veem. Os pais precisam ter isso sempre em mente, para agir e falar de maneira tal que sirva como uma boa influência para os filhos.

O propósito deste livro é levar mães e pais a uma reflexão sobre valores fundamentais. Para que o casal ensine o seu filho — em palavras e atitudes — a se relacionar bem com o próximo, a ser gentil, bondoso, amoroso e cheio de outras qualidades. Em outras palavras, para que a criança absorva e desenvolva traços de caráter que farão dela, hoje, um filho exemplar e, no futuro, um adulto do bem, bom pai, cônjuge modelo, amigo sincero, profissional ético. Em resumo, um cidadão correto em todos os âmbitos.

Haveria muitas formas de se escrever este livro. Optei por usar como base as virtudes que mais norteiam a minha vida: amor, alegria, paz, paciência, amabilidade, bondade, fidelidade, mansidão e domínio próprio. Na verdade, não fui eu quem inventou essa lista: ela está descrita no livro mais lido da história da humanidade: a Bíblia. O conjunto desses nove traços de caráter é chamado de *fruto do Espírito* pelo apóstolo Paulo, em uma das cartas escritas por ele e que consta do Novo Testamento — a destinada aos gálatas.

Nas próximas páginas falo sobre a importância de você, que é pai, manifestar cada uma dessas virtudes em sua vida, como exemplo para que seu filho também as desenvolva. Educar um ser humano é uma grande responsabilidade. E o mais importante no processo de instrução não é a transmissão de conhecimento, mas sim dos valores que farão dele uma pessoa virtuosa. Como orientou com muita propriedade o sábio Salomão: "Ouça, meu filho, a instrução de seu pai e não despreze o ensino de sua mãe".[1] Esse é o ponto de partida da formação de caráter: o lar, a família, as pessoas mais próximas. Para o seu filho, isso significa *você*.

Pela importância que têm em minha vida pessoal e pelos valores que transmitem, escolhi usar o *fruto do Espírito* e a Bíblia como base para o conteúdo deste livro e também como fonte de muitos exemplos que vou mencionar nesta obra, pois as Escrituras cristãs são ricas em sabedoria e histórias de edificação.

Isso não significa em absoluto que pessoas adeptas de outras religiões não possam se beneficiar dos ensinamentos que transmito aqui, muito pelo contrário. Não escrevi este livro para evangélicos, católicos, espíritas, budistas ou judeus: o escrevi para pais. Todos os pais. Pois este não é um livro religioso: apenas uso princípios e exemplos bíblicos para transmitir ensinamentos que podem ajudar homens e mulheres de quaisquer crenças a educar seus filhos com a finalidade de se tornarem adultos bons, íntegros, de caráter e que deixem um legado positivo na sociedade.

A essência do que compartilho neste livro é fruto de décadas de experiência como profissional da área de educação, mas também como mãe e avó. Fiz questão de não me apresentar ao longo do texto apenas como a *Supernanny*, mas também como pedagoga e mulher de família. Assim, trago para estas páginas ensinamentos e reflexões que adquiri em diferentes âmbitos da minha trajetória.

Nada educa mais do que o exemplo pessoal. No caso das crianças, os pais são o modelo mais influente e que mais peso terá sobre a formação do caráter delas. Meu desejo é que *Pais admiráveis educam pelo exemplo* leve você a uma reflexão profunda sobre o seu papel na vida dos pequenos e o ajude a ser um pai ou uma mãe cada vez mais exemplar. Pode ter certeza de que você não vai se arrepender — e, um dia, seus filhos vão lhe agradecer.

Cris Poli

CAPÍTULO 1

FILHOS AMOROSOS

Todo pai quer ter um filho amoroso. Que lhe dê afeto, demonstre cuidado com as pessoas, que tenha um procedimento de doação, carinho e ação em atos e palavras em favor do próximo. Mas como se forma uma criança com esse perfil? É possível influenciar um indivíduo desde a mais tenra infância para que cresça transbordando amor para tudo e todos ao seu redor? Sim, é. Essencialmente, um filho amoroso é aquele que, desde o seu nascimento, conhece o amor. Ele o recebe de seus pais e, assim, pode transmiti-lo para os outros — nas formas mais variadas, como caridade, respeito, compaixão e, principalmente, a capacidade de enxergar a necessidade e as carências do próximo.

Amar é algo que se aprende ao ser amado. Logo, o amor se ensina amando. Você só terá um filho amoroso se ele receber muito amor. É um processo semelhante ao que ocorre quando se aprende a falar: ninguém faz curso ou força para aprender sua língua nativa, o bebê simplesmente ouve tanto quem está ao seu redor conversar, com ele ou com outras pessoas, que acaba assimilando naturalmente como se fala. Com o amor é igual: de tanto viver imerso num ambiente amoroso, a criança cresce tendo o amor como parte natural de si.

E, aqui, precisamos entender que amar é muito mais do que dar beijos e abraços o tempo todo: é devotar-se, entregar-se, abrir mão de si pelo outro, como Jesus define muito claramente no evangelho segundo João: "Porque Deus tanto amou o mundo que deu o seu Filho Unigênito, para que todo o que nele crer não pereça, mas tenha a vida eterna".[1]

Assim, amar é doar-se. É agir nas pequenas coisas em prol do seu filho, prestando atenção naquilo que o faz se sentir amado. É passar tempo com ele, mesmo chegando morto de cansaço do trabalho; é brincar com o pequeno quando preferia estar assistindo a um jogo de futebol; é respeitá-lo como pessoa, apesar de ter autoridade sobre ele. Não é somente falar alto e fazê-lo ficar calado. Quando a criança se sente respeitada, o que brota dela é respeito. Em outras palavras, amar é educar.

Quando eu e minha família nos convertemos ao cristianismo, meus filhos já eram adolescentes. A primeira pregação que me impactou foi justamente sobre o amor, com base em 1Coríntios 13.[2] Eu nunca tinha ouvido falar sobre o amor daquele jeito. Analisar as palavras de Paulo me levou a um reposicionamento com respeito ao amor — compreendê-lo como um sentimento sim, mas, acima de tudo, como uma decisão: a de amar a partir do desenvolvimento das características de que fala essa passagem.

Sei que o amor descrito em 1Coríntios 13 é o ágape, palavra que no original, em grego, descreve o amor de Deus, e que, portanto, é impossível para o homem amar de um modo tão sublime como descrito nessa passagem. Mas as características do amor divino servem como alvo, um exemplo de como devemos amar, um farol que guia nossos passos. E é interessante notar que o versículo 4 desse capítulo descreve o amor como sendo paciente e bondoso, o que faz uma relação direta entre ele e as virtudes do fruto do Espírito: amor, alegria, paz, paciência, amabilidade, bondade, fidelidade, mansidão e domínio próprio.[3] É por isso que os escolhi como os temas que vão dar base aos demais capítulos deste livro, pois a tolerância, a longanimidade, a alegria, a amabilidade, o ser pacificador... tudo está completamente interligado. Tudo está impregnado de amor.

Essa é uma das principais razões que me levaram a escolher a Bíblia como ponto de partida para as reflexões deste livro, porque ela, como nenhum outro livro, nos leva a entender melhor conceitos essenciais da criação de nossos filhos. Tiro por mim: na medida em que fui conhecendo o texto das Escrituras, também fui aprendendo a amar. E esse foi um passo importante de crescimento e amadurecimento na minha vida, porque descobri que não bastava saber que era amada por Deus: eu tinha que me sentir amada por ele. Da mesma forma é com nossos filhos: não adianta nada dizermos que os amamos se não demonstramos de modo prático esse amor.

Deus dá provas de amor bastante práticas. É só você se lembrar que temos muitos defeitos e desobedecemos a ele todos os dias e, mesmo assim, o Senhor nos perdoa, apesar de tanto "pisarmos na bola". Isso fica claro em passagens da Bíblia como:

> O Senhor é compassivo e misericordioso, mui paciente e cheio de amor. Não acusa sem cessar nem fica ressentido para sempre; não nos trata conforme os nossos pecados

> nem nos retribui conforme as nossas iniquidades. Pois como os céus se elevam acima da terra, assim é grande o seu amor para com os que o temem; e como o Oriente está longe do Ocidente, assim ele afasta para longe de nós as nossas transgressões. Como um pai tem compaixão de seus filhos, assim o Senhor tem compaixão dos que o temem; pois ele sabe do que somos formados; lembra-se de que somos pó.
>
> Salmos 103.8-14

Há prova de amor maior do que o perdão? A Bíblia diz que Jesus veio à terra para perdoar a humanidade de seus pecados, como fruto do imenso amor de Deus pelo mundo. É por isso que, quer sejam cristãos quer não, entender o amor divino descrito nas Escrituras é fundamental para os pais, pois, compreender o amor do Senhor facilita muitíssimo criar uma criança dentro de um ambiente amoroso. Não é impossível, mas vai ser complicado saber como amar o seu próprio filho. E não estou falando do amor como sentimento racional, porque é claro que o pai ama o seu filho em qualquer situação, mas sim da face verdadeira do amor.

E que "face" é essa? É aquela que se torna visível quando, por exemplo, os pais pedem algo, dão uma ordem ou uma direção para seu filho mas ele não obedece. O amor verdadeiro jamais permitirá que essa desobediência interfira no amor que sentem por ele. Os pais não podem ficar magoados ou bravos com filhos que os contrariam. Antes, têm de entender que têm como responsabilidade educar e amar em toda circunstância. Assim como a própria Bíblia diz, "o amor de Cristo nos constrange",[4] o que significa que nos leva a mudanças perceptíveis a partir do arrependimento que sentimos ao desobedecermos.

Assim, o reconhecimento do amor passa a ser natural. É preciso que o nosso amor por nossos filhos seja como o de Deus para conosco. E, ao ver que os amamos como Jesus nos ama, as crianças crescem com a certeza de que são completamente amadas e, naturalmente, vão transmitir esse amor de si para as outras pessoas — no presente e no futuro.

Pais que perdoam, filhos que se desculpam

O ser humano por natureza é egoísta, mas o amor não é. Isso deve constantemente fazer parte do nosso aprendizado e, também, ser ensinado a nossos filhos. Se você pensa algo como "eu bati nele porque ele me bateu" ou "o xinguei porque ele me xingou primeiro e não vou levar desaforo para casa", simplesmente não está tendo atitudes de amor. Logo, não está ensinando seu filho a ser amoroso, mas sim rancoroso e vingativo.

Os pais podem ensinar o amor às crianças de maneira natural, com o exemplo pessoal. Parte do exemplo é exatamente a reação que demonstram às mais variadas circunstâncias adversas. Um exemplo prático: se você briga com as pessoas no trânsito, esbraveja e tenta dar fechadas em quem o fechou, seu filho vê essa atitude de falta de amor, rancor e impiedade como exemplo para a formação de valores e o comportamento dele próprio. Outro exemplo: se a criança chega em casa e diz que na escola entrou numa briga porque um colega bateu nela primeiro, o mais fácil seria dizer: "Ah, bateu em você? Não leve desaforo para casa, dê o troco!" Mas o pai que quer influenciar positivamente o filho deve incentivá-la a perdoar. Explique a importância do perdão. Você pode ler para ele passagens das Escrituras como:

> Não retribuam a ninguém mal por mal. Procurem fazer o que é correto aos olhos de todos. Façam todo o possível para viver em paz com todos. Amados, nunca procurem vingar-se, mas deixem com Deus a ira, pois está escrito: "Minha é a vingança; eu retribuirei", diz o Senhor. Pelo contrário: "Se o seu inimigo tiver fome, dê-lhe de comer; se tiver sede, dê-lhe de beber. Fazendo isso, você amontoará brasas vivas sobre a cabeça dele". Não se deixem vencer pelo mal, mas vençam o mal com o bem.
>
> Romanos 12.17-21

Cuidei do caso de uma menina que estava sendo agredida por colegas na escola. A mãe me perguntava: "Como faço para ensiná-la que, mesmo apanhando, ela não tem de aceitar isso, mas também não pode revidar com outro tapa?". Respondi que a garota deveria se posicionar e falar com firmeza que não aceitaria apanhar, não revidaria, mas também não aceitaria aquela situação. Que, aliás, é a exata mesma reação que um adulto deve ter caso seu filho o agrida com tapas, mordidas ou chutes, dizer "Olha, eu não vou bater em você, mas também não vou aceitar que você me bata".

Meu filho mais novo, Esteban, sempre teve a personalidade completamente diferente da do mais velho, Federico. Enquanto meu primogênito disfarçava, o caçula respondia para todo mundo e era o que mais apanhava das outras crianças. Até que um dia levou empurrão de um menino. Esteban ficou sem reação, pois não esperava aquilo. Assim, em vez de reagir, ficou quieto, porque o inusitado da situação o fez ficar estático. É o caminho mais difícil, mas a ideia de posicionamento tem que partir dos pais.

Muitas pessoas me perguntam se eu não tenho vontade de dar tapa ou beliscão nas crianças que educo, ou, ainda, se não fico brava com elas. A verdade é que nunca tive vontade de agredi-las e também não me irrito, porque entendo que minha função é, em primeiro lugar, ensinar os pais a educar seus filhos. Penso na criança, no bem dela e no bem-estar de cada família e me comporto com isso em mente. O resultado dessa postura é visível e noto, na maioria das vezes, grandes mudanças de atitude.

Gestos de agressão física, como tapas e chineladas, não transmitem amor às crianças. Já as advertências que os pais dão são, sim, um gesto de amor, pois oferecem a possibilidade de mudar de atitude sem a necessidade de punição. O arrependimento, demonstrado por um pedido de desculpas obrigatório após alguns minutos de disciplina parece ter pouco significado, mas na verdade tem um peso enorme.

Em geral, a resistência da criança para pedir desculpas é muito grande, chega a impressionar. Mas isso ocorre porque ela tem a consciência de que fez algo errado e não quer assumir. Por isso sempre digo que o processo do Cantinho da Disciplina é importante. Para quem nunca assistiu ao programa *Supernanny*, em que utilizo essa técnica com frequência, cabe aqui uma explicação. Essa estratégia consiste em estabelecer regras simples e claras, de acordo com a idade da criança, e fazer um acordo de obediência com ela: na primeira desobediência de uma regra o responsável dá uma advertência, que é um aviso para oferecer à criança a oportunidade de mudar de comportamento sem ser disciplinada. Se ocorrer uma segunda desobediência da mesma regra, precisará ficar em um lugar pré-estabelecido (o Cantinho da Disciplina) e ali permanecer por um tempo proporcional à idade: um minuto para cada ano de vida. Terminado o tempo, o responsável deve perguntar à criança se ela sabe por que está ali. Tem de pedir desculpas. Para finalizar, beijos e abraços, acompanhados de um *eu te amo*, são muito importantes. É essencial notar que, se a criança chora, grita, xinga ou faz qualquer outro tipo de desobediência, deve-se ignorar. Enquanto o tempo estipulado não termina não se pode sair do cantinho — se sair, o responsável simplesmente a põe de volta, sem falar nada, quantas vezes for necessário, e começa a contar o tempo a partir do momento em que a criança se senta. Não importa a duração desse processo, é preciso ir até o fim, com paciência e perseverança. Quem é submetido a essa disciplina pode passar dez, vinte, trinta, quarenta minutos ou até uma hora sem querer se desculpar, mas, na hora em que se rende e fala "desculpe", o arrependimento pesa sobre ela. Ela abraça, beija e chora, em reconhecimento do erro.

Por isso, jamais o pai deve entender como algo sem função a conversa que tem com o filho ao final de cada período de castigo, na qual explica o que ele fez de errado e pede que se desculpe. Esse processo é algo que necessariamente tem de ser cumprido, porque o arrependimento é sinal de amor, e a reação dos pais a isso também tem de ser com amor, beijos e abraços.

Agora, pare e pense: de onde os filhos vão tirar o entendimento de que se desculpar é algo que engrandece e não uma diminuição de si mesmos? Do exemplo dos pais. Se as crianças veem seus pais perdoando e pedindo perdão quando cometem erros, seja para pessoas, seja para Deus, em oração, vão aprender, observando-os, que esse é um gesto de grandeza e não de inferiorização.

Seus filhos não são você

O casal que opta pela paternidade tem de estar disposto a receber o filho do jeito que ele é, entender suas características e se pôr no lugar dele. Isso é um gesto de amor, que vai ensiná-lo a amar o próximo pelo respeito às características de cada um e à diversidade de gostos, valores, práticas e preferências pessoais. Se você é agitado, tem de compreender se o seu filho for um pouco mais tranquilo. Se gosta de esportes, tem de permitir que ele goste de ler. Isso tem a ver com entendimento do outro ser humano, é se pôr no lugar do outro. E, ao fazer isso, estará ensinando a criança a reproduzir esse comportamento com as demais pessoas.

Sem dúvida, vai haver uma maior aproximação daquele filho com quem você mais se identifica, e vice-versa. Se você gosta de futebol e um de seus filhos também, vão fazer mais programas juntos. E é aí que entra a maturidade dos pais para conciliar o tempo entre essa criança, com quem têm mais afinidade de gostos, e as outras, com quem não têm. Isso faz parte do amor e da formação da família, que começa no relacionamento entre marido e mulher — já que nem sempre os casais têm os mesmos gostos — e depois passa para a relação entre pais e filhos.

Seu bebê é seu fruto, mas você não escolhe como ele vai ser. O salmista[5] explica que as crianças já chegam ao mundo com características individuais: "Tu [Deus] criaste o íntimo do meu ser e me teceste no ventre de minha mãe. Eu te louvo porque me fizeste de modo especial e admirável".[6] Isso ocorre mesmo no caso de adoção.

Um bom treinamento para lidar com filhos que chegam sem que você tenha ideia de como será é o relacionamento com seu cônjuge. Repare que, mesmo que a escolha de seu parceiro tenha sido decisão sua, ele não é igual a você. Mas, para que o casamento seja bem-sucedido, vocês precisam aprender a se encaixar, em meio às suas muitas diferenças. Nessa tarefa entram tolerância e paciência para abrir mão de si mesmo. A ideia de que marido e mulher são duas metades que se amoldam com perfeição é equivocada, o marido é um indivíduo e a mulher é outro — que, mesmo assim, precisam se encaixar.

Se um casal não entende isso, também nunca vai poder transmitir esse sentimento para o filho. O resultado é que um dos pais (ou os dois) poderá acabar desenvolvendo sentimentos egoístas. Enxergar as diferenças e amar a pessoa diferente mesmo assim é algo que começa com o casal, com o relacionamento íntimo, e flui como consequência natural para os filhos. Se você consegue perceber e assimilar essa realidade, é capaz de transmiti-la para seus filhos.

A IMPORTÂNCIA DO AMOR EM FAMÍLIA

O amor da família é muito importante. É, até mesmo, pedagógico, pois sinaliza para a criança que existe um tipo de amor especial. Os filhos precisam aprender por nosso intermédio que o amor familiar tem um pouco mais do que qualquer outro. Como qualquer pessoa, eu nutro amizades de muito tempo, pessoas muito queridas, mas sempre procurei mostrar para as crianças que há algo diferente entre o sentimento que tenho por esses amigos e o que nutro pelos integrantes de nossa família. Ter o mesmo sangue é um laço infinito.

O conceito cristão de Deus ser nosso Pai e fazermos parte da família de Jesus é extremamente revelador nesse sentido. Se as crianças entendem que a Igreja carrega em si o mesmo conceito de família que vê entre seus parentes, quando crescerem se tornarão muito mais amorosas, tolerantes, pacientes e dedicadas ao próximo do que alguém que não viveu o amor familiar e, portanto, tem um conceito de família distorcido ou efêmero. Uma vez que se entende que o amor entre aqueles que compartilham o mesmo sangue é especial, será muito mais fácil lidar com quem tem o mesmo "DNA celestial": os filhos de Deus. E esse amor é especial.

Eu tenho muita necessidade de juntar minha família, para estreitar o vínculo entre os meus filhos, meu genro, minhas noras e meus netos. O amor precisa ser desenvolvido, cultivado, trabalhado, e é necessário muito empenho para fazer isso. É vital, nesse sentido, passar por cima de certas diferenças, porque o mais importante é estar junto e compartilhar os momentos. Meu neto Pedro é muito carinhoso e dócil com minha filha, Luciana. Ele dá beijos e abraços na tia naturalmente. Certo dia, minha netinha, Raphaela, ficou com ciúmes da mãe e falou: "Pedro, eu não quero que minha mãe seja sua tia!" Minha filha, então, explicou a ela: "Filha, isso vai ser pela vida toda." Ou seja, não adianta ter ciúmes do primo, porque ele será primo para sempre e a tia será tia para sempre — nada vai mudar isso. O que pode influenciar é a proximidade, o contato e a frequência da presença.

É por isso que brigas em famílias são tão tristes, pois os filhos acabam sofrendo as consequências dessa falta de tolerância e paciência de uns para com os outros. O resultado é que acabam se dividindo. Para o desenvolvimento da natureza amorosa dos filhos, os laços de família precisam ser vividos, fortalecidos e transmitidos.

Viver em família permite que nos ajustemos. Pode haver atritos e arestas para acertar, mas, havendo o amor que se traduz em ações, tudo se acerta. Pois, então, haverá o entendimento da necessidade de congregar em um ambiente de respeito e paz. E isso começa no casamento, com os pais, onde ocorre o primeiro ajuste de diferenças. Após o matrimônio vêm à tona os problemas, as afinidades, as dificuldades. Do casamento parte para os filhos, que, por mais que tenham saído do ventre da mãe, também são uma conjunção de ambos os pais. "Amar ao próximo"[7] é uma ordem, não uma opção. Por isso, o amor é um exercício diário, desenvolvido a partir, principalmente, dos momentos de conflito bem solucionados.

Amar é disciplinar

Amar não significa concordar em tudo com a outra pessoa. Também não é passar a mão na cabeça dela. Você amar seu filho não quer dizer que não vá corrigi-lo, educá-lo, não vá lhe dar uma advertência. Pelo contrário, amar implica agir em todas as dimensões. O sábio rei Salomão alcançou essa verdade, ao dizer: "Discipline seu filho, e este lhe dará paz; trará grande prazer à sua alma."[8] Deus nos ama, mas vai nos transformar naquilo em que precisamos nos transformar — e isso é um sinal do seu amor. O autor da epístola aos hebreus — carta que faz parte da Bíblia e cujo remetente é desconhecido — é muito claro quanto a isso, inclusive estabelecendo um paralelo entre a disciplina do Senhor com a exercida pelos pais terrenos:

> Vocês se esqueceram da palavra de ânimo que ele lhes dirige como a filhos: "Meu filho, não despreze a disciplina do Senhor, nem se magoe com a sua repreensão, pois o Senhor disciplina a quem ama, e castiga todo aquele a quem aceita como filho". Suportem as dificuldades, recebendo-as como disciplina; Deus os trata como filhos. Ora, qual o filho que não é disciplinado por seu pai? Se vocês não são disciplinados, e a disciplina é para todos os filhos, então vocês não são filhos legítimos, mas sim ilegítimos. Além disso, tínhamos pais humanos que nos disciplinavam, e nós os respeitávamos. Quanto mais devemos submeter-nos ao Pai dos espíritos, para assim vivermos! Nossos pais nos disciplinavam por curto período, segundo lhes parecia melhor; mas Deus nos disciplina para o nosso bem, para que participemos da sua santidade. Nenhuma disciplina parece ser motivo de alegria no momento, mas sim de tristeza. Mais tarde, porém, produz fruto de justiça e paz para aqueles que por ela foram exercitados.
>
> Hebreus 12.5-11

Deus disciplina aquele que ama, assim como o pai disciplina o filho a quem quer bem. Logo, a disciplina é prova de amor. Infelizmente, em nossos dias esse conceito tem sido distorcido por muitos pais, que preferem pensar: "Eu amo tanto o meu filho que o deixo fazer o que quer". Isso é um erro.

Os pais não devem transmitir a suas crianças a ideia de que amar signifique satisfazer todos os desejos delas. Devem deixar claro que vão amá-las mesmo que façam coisas erradas, mas isso não quer dizer que permitirão que as façam. Assim, a criança vai refletir e perceber que não é porque cometeu deslizes e erros que perderá o amor de seu pais, mas isso não significa que terá o aval naquilo que faz de errado. A Bíblia deixa claro que a disciplina é uma expressão de amor: "Quem se nega a castigar seu filho não o ama; quem o ama não hesita em discipliná-lo".[9]

Quando os filhos aprendem com seus pais que disciplina é ato de amor, crescem compreendendo as regras sociais, os mandamentos de Deus, as normas de comportamento nos mais variados ambientes sem que isso se torne penoso. Pois entenderão que vivem em um mundo norteado por padrões que, se quebrados, trarão consigo a necessidade de correção. Como bem explica o apóstolo João: "Porque nisto consiste o amor a Deus: obedecer aos seus mandamentos. E os seus mandamentos não são pesados".[10]

Portanto, essa é uma mensagem que o pai tem de transmitir ao filho: ele pode fazer o que quiser e continuará sendo amado, mas terá de sofrer as consequências, em forma de correção, justamente porque é amado. "Vou disciplinar você porque o amo" é uma frase correta, válida, que pode e deve ser dita aos filhos.

É importante lembrar que a frustração também faz parte do amadurecimento. A criança tem de aprender a lidar com o *não*. Claro que para os pais é muito mais fácil dizer *sim* do que *não*, porque o *não* confronta e precisa ser explicado. Quando você fala que *não*, tem de estabelecer um limite. O livro bíblico de Provérbios já diz: "Discipline seu filho, pois nisso há esperança; não queira a morte dele".[11] Nem que isso exija contrariar as vontades do pequeno.

Nos momentos de bronca, os pais exercitam o amor mais duro que existe. Além disso, a própria criança muitas vezes tem a sensação de estar sendo odiada. Nesses casos, é fundamental que os pais expliquem como a situação é difícil para eles também — e, sempre, demonstrem amor. Essa demonstração pode ser expressa por meio de frases como "Não, porque não é bom para você!", "Não, porque seu pai sabe que o é bom para você!", "Você vai entender depois, mas eu o amo", "Quando você crescer vai poder fazer ou não." A atitude e a reação dos pais diante do choro e da birra de uma criança são o que faz a diferença.

Uma das grandes dúvidas dos pais é o que fazer para que seu filho não faça manha ou birra. A verdade é que não há escapatória: crianças sempre serão birrentas, em maior ou menor grau. O que faz a diferença é a postura do adulto diante desse comportamento. Uma pergunta frequente é "Como vou reagir se não aguento mais, se não suporto mais?". Pense: se você faz aquilo que seu filho quer em um momento de birra, ele continuará fazendo manha — pois deu certo! — e isso nunca terá fim. A sua reação é o que terá influência no sentido de mudar esse comportamento. Se os pais demonstram firmeza e convicção no que dizem, mas de forma amorosa, a criança entende.

O diálogo é parte indispensável de qualquer relacionamento amoroso, basta ver as orações que fazemos a Deus. É importante verbalizar para seu filho, dizendo-lhe que entende a razão de estar chateado, porque sabe que ele queria fazer tal coisa, mas que não há como. É possível contornar a situação para que ele se sinta amado e compreendido. Também é uma ótima alternativa se pôr no lugar do pequeno: "Olha, eu sei que você está chateado e frustrado, mas é o melhor".

Uma alternativa que dá muito resultado é contar exemplos pessoais para a criança, algo como "Quando eu tinha a sua idade aconteceu uma situação parecida comigo e eu não entendia meus pais, mas agora que eu tenho você, eu entendo". A criança ouve isso e pensa: "Nossa! Meu pai também passou pelo que estou passando, ele entende o que estou sentindo". Isso dá muito certo!

Um exemplo bíblico de que isso consola e conforta os filhos é o próprio Jesus. O escritor da carta aos Hebreus deixa claro que Jesus se compadece de nossas deficiências justamente porque já passou pelo que hoje nós, humanos, estamos passando. E, por isso, nos entende intimamente:

> Portanto, visto que temos um grande sumo sacerdote que adentrou os céus, Jesus, o Filho de Deus, apeguemo-nos com toda a firmeza à fé que professamos, pois não temos um sumo sacerdote que não possa compadecer-se das nossas fraquezas, mas sim alguém que, como nós, passou por todo tipo de tentação, porém, sem pecado. Assim, aproximemo-nos do trono da graça com toda a confiança, a fim de recebermos misericórdia e encontrarmos graça que nos ajude no momento da necessidade.
>
> Hebreus 4.14-16

Amar é doar seu tempo

A mulher de meu filho Esteban, Mila, sempre trabalhou fora. Ela é profissional de *marketing*, muito bem-sucedida na profissão. Tornou-se gerente de grandes empresas multinacionais e formou um excelente currículo. Na época em que meu neto Pedro nasceu, ela trabalhava tanto que não tinha hora para entrar nem para sair do escritório. Aquilo era normal na sua profissão, mas ela notou que não estava sendo bom para o filho. Qual foi sua decisão? Optou por sair do mercado de trabalho para poder ficar com ele, investir na família. Em pouco tempo viu a enorme diferença que isso fez na vida do Pedro.

O bom relacionamento entre filhos e pais é um investimento que não se percebe de imediato, mas quando é suprimido a diferença torna-se visível. Depois que o filho cresce, os pais testemunham quanto aquilo foi importante. É importante frisar que em momento algum estou defendendo que um dos pais tem de pedir demissão do emprego, mas que ambos precisam investir tempo na convivência e no diálogo com o filho, porque esse vínculo traz reflexos na complicada fase da adolescência e no que ele será quando adulto.

O investimento a que me refiro é no sentido de os pais muitas vezes abrirem mão de tempo que têm para si com o objetivo de estar na companhia dos filhos. Pais que trabalham em demasia, enfrentam o trânsito e demoram muito a chegar em casa querem descansar, colocar os pés sobre o sofá, assistir à televisão. Só que os filhos precisam deles. Conscientemente deixar de assistir ao telejornal para brincar com as crianças é um investimento que terá um retorno muito positivo no relacionamento futuro.

Muitos pais me relatam que têm um filho adolescente e não sabem o que ele pensa, com quem sai, o nome dos amigos. Querem dialogar, mas não encontram receptividade. Em resposta, sempre questiono o que deveria ter sido feito. O investimento anterior, desde a infância, estabelece esse diálogo, permite conhecer o filho, criar essa confiança, ter a abertura de poder deixá-lo dizer o que pensa. Pois, se isso ocorre, abre-se espaço para o aconselhamento.

Nosso relacionamento com Deus é uma prova de que a presença dos pais é fundamental. Uma vez que o Senhor é nosso Pai, desejamos ardentemente que ele esteja presente em nossas vidas. Muitos cristãos se queixam que "não têm sentido a presença de Deus" e compartilham quanto isso os afeta. Muitos são os que, nos momentos de maior tribulação, são confortados e chegam às lágrimas quando são lembrados de que Jesus disse que estaria conosco todos os dias, até o final dos tempos.[12]

O poder da presença paterna é tão grande que a simples leitura de algumas passagens bíblicas que afirmam que Deus está conosco são capazes de trazer enorme consolo a pessoas em situação de desespero, indivíduos que se sentem sós ou mesmo impotentes diante de problemas aparentemente insolúveis. Um exemplo enfático sobre a participação ativa do Criador em nossa vida pode ser lido na Bíblia:

> SENHOR, tu me sondas e me conheces. Sabes quando me sento e quando me levanto; de longe percebes os meus pensamentos. Sabes muito bem quando trabalho e quando descanso; todos os meus caminhos são bem conhecidos por ti. Antes mesmo que a palavra me chegue à língua, tu já a conheces inteiramente, SENHOR. Tu me cercas, por trás e pela frente, e pões a tua mão sobre mim. Tal conhecimento é maravilhoso demais e está além do meu alcance; é tão elevado que não o posso atingir. Para onde poderia

> eu escapar do teu Espírito? Para onde poderia fugir da tua presença? Se eu subir aos céus, lá estás; se eu fizer a minha cama na sepultura, também lá estás. Se eu subir com as asas da alvorada e morar na extremidade do mar, mesmo ali a tua mão direita me guiará e me susterá.
>
> Salmos 139.1-10

A Bíblia relata que Deus investiu seu tempo para se dedicar à humanidade. Jesus passou 33 anos na terra com o único intuito de reconciliar pessoas com o Pai. Esse fato faz uma enorme diferença para os cristãos, pois mostra o amor divino demonstrado de forma prática e ativa. Imagine então o que um filho não sente e quanto não é fortalecido ao perceber que seus pais investem seu tempo nele e abrem mão do que poderiam estar fazendo por si mesmos em prol dele?

Quando Deus investiu seu tempo em nós estava ajudando a formar nosso caráter. De igual maneira, os pais estão formando o caráter do filho ao investir tempo na convivência com ele. Aquela criança vai crescer, mas os pais continuarão os mesmos quando ela for adolescente e, mais tarde, adulta. Eles terão a oportunidade de continuar aconselhando-o e orientando-o, pois serão ouvidos e respeitados. Nesse sentido, o retorno é para cada pai também.

É importante deixar claro que investir tempo para ficar com os pequenos não fará que os pais tenham automaticamente domínio total da situação, mas vai deixá-los numa posição muito mais favorável e eficiente na hora em que for necessário educar na juventude. Isso será bom para o filho, mas também para os pais, pois ficarão um pouco mais tranquilos, visto que terão acesso ao que ele pensa.

É compreensível que os pais cheguem em casa cansados do trabalho, sem vontade de se jogar no chão e brincar com o filho. Isso é normal do ser humano. Só que os pequenos precisam de você agora. Vão precisar sempre, mas, se esse vínculo não for estabelecido na mais tenra idade, não será mais à frente.

O AMOR NÃO ESPERA NADA EM TROCA

É importante os pais terem em mente que a relação entre eles e seus filhos pode não ter retorno. Se esperam que serão cuidados quando estiverem idosos do mesmo modo que cuidaram é possível que tenham uma grande decepção. Se isso ocorrer, ótimo! Mas não há garantias.

O amor, segundo descrito na Bíblia, é aquele em que se dá sem esperar nenhum retorno. No livro de Atos dos Apóstolos, seu autor, o médico Lucas, mostra que o próprio Jesus disse: "Há maior felicidade em dar do que em receber".[13] Portanto, devemos amar nossos filhos como pura expressão daquilo que brota de nós, sem que isso esteja atrelado a recompensas ou a retornos que possam advir dessa dedicação.

Pare e pense: com que intenção você faz aquilo que faz pelos seus filhos? A resposta a essa pergunta pode mudar tudo. Se eu invisto na vida do meu filho pensando que será proveitoso para mim, estou saindo do caminho. Quem decide investir dinheiro na vida do filho para que depois isso retorne em forma de cuidado está provocando sua própria frustração.

A já citada passagem bíblica de 1Coríntios 13 mostra que o amor ideal "não procura seus interesses", ou seja, devemos amar pelo bem do outro e não na expectativa de algo bom para nós. Esse sentimento deve ser transmitido às crianças. Todas elas passam por uma fase em que precisam, como todo ser humano, se sentir aceitas. Muitas vezes, ajudam seus amigos ou fazem o que o colega está pedindo com a intenção de ser incorporada ao grupinho. Aprender a fazer amigos é traço de caráter. A criança precisa desenvolvê-lo. E isso se faz aprendendo certas normas de conduta, se relacionando com os amigos e tendo disposição de ajudar sempre.

Mas isso pode se tornar um problema quando essa entrega pelos colegas é feita na expectativa de receber de volta aceitação e companheirismo. Nossos filhos devem aprender desde cedo que tudo aquilo que fazem pelos outros deve ser por puro amor e não por interesse. É fazer o bem porque é o certo e não porque pode gerar benefícios em retorno. O apóstolo Pedro dá o exemplo de Jesus, que "quando insultado, não revidava; quando sofria, não fazia ameaças, mas entregava-se àquele que julga com justiça",[14] ou seja, Cristo agia de acordo com aquilo que era certo e não como reação ao que faziam com ele.

O amor que os pais dedicam a seus filhos se reflete na criança com muita clareza. Crianças amadas se tornam amorosas. O processo de educação é um processo de formação de caráter e o amor com que transmitimos os ensinamentos — por palavras ou por atitudes — tem papel fundamental na definição da ética pessoal e do comportamento de nossos filhos. A forma com que nos relacionamos com eles gera traços de caráter que ficarão impregnados na criança por toda sua vida e fará com que ela lide de maneira amorosa com pais, irmãos, amigos, primos e as demais pessoas ao seu redor.

Reflexos no caráter da criança
Virtude: amor

- **Amigável:** Aprender a fazer amigos com a intenção de ajudar.

  Quem tem muitos amigos pode chegar à ruína, mas existe amigo mais apegado que um irmão.

  Provérbios 18.24

- **Respeitosa:** Amar e ter consideração com as pessoas que a estão ajudando a fazer o que é certo.

  Agora lhes pedimos, irmãos, que tenham consideração para com os que se esforçam no trabalho entre vocês, que os lideram no Senhor e os aconselham. Tenham-nos na mais alta estima, com amor, por causa do trabalho deles. Vivam em paz uns com os outros.

  1Tessalonicenses 5.12-13

- **Atenciosa:** Ser receptiva com respeito aos outros e seus sentimentos.

  Cada um cuide, não somente dos seus interesses, mas também dos interesses dos outros.

  Filipenses 2.4

- **Sensível/Compassiva:** Querer ajudar e compartilhar os problemas dos outros.

Levem os fardos pesados uns dos outros e, assim, cumpram a lei de Cristo.

Gálatas 6.2

Dica da Cris:

Para ter um filho amoroso, seja amoroso. Ele aprende a amar primeiramente por você. Se você conhece o amor sendo amado por Deus e por seus próprios pais, transmita isso a seu filho e o amor fará parte do caráter dele.

CAPÍTULO 2

FILHOS ALEGRES

NOS DIAS DE HOJE EXISTEM muitas definições para *alegria* e incontáveis ideias diferentes sobre o que significa ser alegre. Para uns, alegria é a euforia que se sente em uma festa na boate da moda, para outros é a descarga de adrenalina que pular de *bungee jump* proporciona. Há ainda os que entendem por alegria a sensação artificial proporcionada pelo consumo de álcool ou drogas. No caso de crianças, quando pensamos em alegria, imaginamos logo a animação proporcionada porque ganharam um brinquedo, comeram uma guloseima de que gostam ou as levamos para o parquinho preferido.

A palavra grega que o apóstolo Paulo usa para se referir a *alegria* ao mencionar o fruto do Espírito é *chara*. Essa expressão significa *um calmo deleite*, *satisfação*. Não é euforia, mas um estado de espírito de grato *contentamento*. Essa é uma palavra-chave, pois nos remete ao que o apóstolo diz em outra passagem da Bíblia:

> De fato, a piedade com contentamento é grande fonte de lucro, pois nada trouxemos para este mundo e dele nada

> podemos levar; por isso, tendo o que comer e com que vestir-nos, estejamos com isso satisfeitos.
>
> 1Timóteo 6.6-8

Esse texto mostra que contentamento e alegria não estão ligados necessariamente à posse de bens materiais, como a sociedade de consumo tanto nos tenta fazer acreditar. É só prestar atenção nas propagandas da televisão entre um bloco e outro dos programas infantis, que buscam convencer nossas crianças de que só serão alegres e felizes se tiverem a boneca tal ou o brinquedo da moda. Paulo vai além e apresenta mais informações sobre os traços de caráter que podem tornar a nossa vida mais alegre, independentemente de termos ou não riquezas:

> O amor ao dinheiro é a raiz de todos os males. Algumas pessoas, por cobiçarem o dinheiro, desviaram-se da fé e se atormentaram a si mesmas com muitos sofrimentos. Você, porém, homem de Deus, fuja de tudo isso e busque a justiça, a piedade, a fé, o amor, a perseverança e a mansidão.
>
> 1Timóteo 6.10-11

O sábio apóstolo deixa claro que alegria não depende do que se *tem*, mas do que se é, por meio de traços de caráter como justiça, piedade, fé, amor, perseverança e mansidão. Ou seja, a sabedoria bíblica aponta o caminho da felicidade: um sentimento de gratidão e contentamento, de olhar para as circunstâncias da vida e ser agradecido.

O conceito que se formará na mente dos filhos acerca do que significa alegria é, sem dúvida nenhuma, fruto da ação dos pais. Se a criança vê o pai ser grato pelo que tem e é, faz o mesmo. Ao contemplar o suave contentamento do pai e da mãe é que o filho constrói a definição do que o fará alegre pelo resto da vida, mesmo que não tenha fortuna, um cargo de destaque, fama e muitos outros valores promovidos pela sociedade de consumo em que vivemos.

Ensino pela oração

Um ótimo momento para se ensinar contentamento é a hora da refeição. É uma ocasião em que a família deve sempre procurar se reunir e que deve ser regada de agradecimentos por aquilo que realmente importa: em termos materiais, o essencial. Mas, acima de tudo, por aquilo que é imaterial: a união, o amor e os valores realmente importantes.

Gosto muito de orar com minha família antes das refeições, pois é uma excelente oportunidade de se verbalizar o que de fato tem valor. Se os pais só agradecem por aquilo que *têm* — emprego, carro, roupas, televisão e outros aspectos materiais — é isso que a criança crescerá aprendendo a valorizar. Mas, se a gratidão expressa pelo pai e pela mãe é pelo amor que une a todos, a justiça manifestada no seio familiar, a paz presente entre todos e outros aspectos da piedade, os filhos vão entender que nisso é que reside a alegria, que esses elementos é que são "fonte de grande lucro".

Em uma das escolas em que trabalhei, as crianças agradeciam pelo sol, pelo lanchinho que iam comer, por coisas simples. E essa disciplina também parte dos pais, que devem criar o hábito de mostrar ao filho que o mais importante é estarem juntos; terem mamãe e papai; desfrutarem de comida, casa e roupas; serem cuidados e amados.

Lembro-me de uma ocasião em que estava lendo um livro com minha neta. A historinha falava algo sobre avós, com foco no fato de que os avós são especiais. Então perguntei: "Quantos avós você tem, Rafa?" Ela respondeu: "Duas avós e dois avôs." Então a incentivei a agradecer por isso em oração, pois o fato de ter pessoas queridas que estarão ao seu lado e cuidarão de você em toda e qualquer ocasião é motivo de gratidão e alegria. Repare que a criança não nasce sabendo o que é mais importante em sua vida, cabe ao adulto estimular isso nela, ensinar o que tem valor de fato.

Alegria diante da imperfeição

Um dos primeiros aconselhamentos que eu e meu marido tivemos na igreja que frequentamos foi que nossa alegria está ligada ao fato de termos as pessoas que amamos ao nosso lado. É muito frequente tanto o marido quanto a esposa reclamarem, com queixas do tipo "porque meu esposo é isso", "porque minha mulher é aquilo". Parece que entre a maioria dos casais o lado negativo e os defeitos são sempre mais visíveis do que as qualidades e o lado positivo. Para combater essa realidade, eu e meu marido passamos a exercer uma disciplina em nossa vida conjugal: todos os dias um agradece pelo outro, pelas características boas do companheiro, pela bênção que é ter o cônjuge ao seu lado. Em suma, mostramos gratidão e contentamento por ter uma pessoa imperfeita, mas especial, compartilhando a nossa vida.

Seria ideal que todos os casais se dedicassem a essa disciplina. Porque, se cada um vir somente o lado negativo na pessoa que escolheu para conviver diariamente pelo resto da vida, que dirá os filhos, que são o fruto dessa relação? A gratidão e o contentamento fazem bem a todo mundo, fazem famílias inteiras serem felizes e alegres.

Essa disciplina pode gerar resultados extremamente positivos se também a aplicarmos aos nossos filhos. Algo que compartilho com os pais nas palestras que ministro é uma constatação muito triste e preocupante: raramente quando casais se aproximam de mim e falam sobre seus pequenos é para elogiá-los. Posso afirmar sem medo de errar que menos de 1% deles chegam e falam "Meu filho é ótimo!" Esse fenômeno acontece por uma razão básica: grande parte dos pais está mais concentrada nos defeitos do que nas qualidades de suas crianças. Como para elogiar alguém e o estimular você tem de ver o lado positivo dele, se o foco estiver sempre naquilo que não está bom, seu filho vai crescer sem ser elogiado, sem ter a alegria de perceber que você se alegra nele — apesar de ele não ser perfeito.

Lembre-se que, mesmo que seu filho tenha muitos defeitos, esteja fazendo birra, não seja exatamente como você o idealizou, ainda assim você tem o privilégio de tê-lo. Pense em quantos casais sofrem por não conseguir conceber, precisam recorrer a tratamentos caríssimos de inseminação artificial e passam por um enorme desgaste emocional apenas para ter o que você tem. O salmista mostrou que privilégio é isso: "Os filhos são herança do Senhor, uma recompensa que ele dá".[1]

O seu elogio mostrará à criança a alegria que você sente por tê-la como filho. E isso a fará ser alegre! Se você verbalizar na presença dela a gratidão que sente por tê-la recebido em sua família, ela crescerá sabendo que, apesar dos defeitos que tem, ainda assim é amada, bem recebida, acolhida e vista com contentamento por você e seu cônjuge. Isso firmará sua autoimagem, fortalecerá os laços familiares e só trará bons resultados.

O próprio Pai celestial fez isso, ao elogiar seu Filho diante de outras pessoas.[2] A síntese do que Deus fala acerca de Jesus nessas passagens é que ele era amado e que nele o Senhor se agradava. Que exemplo maravilhoso de um elogio que podemos — e devemos — fazer a nossos filhos! Que alegria isso vai gerar no coração deles! Imagine o júbilo que inundará a alma de seu pequenino se ouvir você dizer a outras pessoas acerca dele:

— Este é o meu Filho amado, em quem me agrado.

O apóstolo Pedro registrou que, pelo fato de o Pai ter falado isso de seu Filho, Cristo recebeu "honra e glória da parte de Deus Pai".[3] Honrando nossos filhos os estaremos alegrando. Demonstrando alegria pelo fato de amarmos nossas crianças e nos agradarmos delas as faremos ver como são importantes, apesar de toda sua imperfeição. E isso as fará se alegrar, independentemente de possuírem qualquer coisa.

Nossa alegria por termos os filhos que temos os fará serem alegres. Nosso contentamento neles lhes ensinará a viver a "piedade com contentamento". Se já sabemos que amando se ensina a amar, descobrimos agora que ao nos alegrarmos ensinamos nossos filhos a se alegrar.

Muitos pais reclamam, por acharem que seus filhos são cheios de defeitos. Todas as vezes em que os ouço dizer algo do gênero sempre brinco e digo que vou dar-lhes uma receita como a de um antibiótico, com doses a cada doze horas: um elogio à criança de manhã, outro elogio à tarde; um incentivo de manhã, outro incentivo à tarde. E pronto! Encontre os aspectos positivos em seus herdeiros, ressalte-os publicamente e pessoalmente e sempre demonstre a alegria que você sente por ter os filhos que tem. Esse é um santo remédio para injetar doses diárias de alegria nele!

Quando trabalhava como educadora em escola infantil, eu e os outros professores tínhamos cuidado e preocupação extremos em elogiar as crianças. Sempre, ao final do ano, quando trabalhávamos com traços de caráter, dávamos um diploma a cada uma com a qualidade que destacou-se ao longo do período. Geralmente era algo que ela não demonstrava ter antes, mas que trabalhou e desenvolveu ao longo do ano. Nunca se deve mentir, inventar uma característica inexistente: é preciso encontrar um traço de caráter na criança para elogiar de acordo com as qualidades que ela de fato tem.

Caso você não encontre um aspecto que se destaque para elogiar, elogie pela cor do olho, pelo cabelo bem penteado, o que for. Encontre algo, para que a criança entenda o valor de um elogio. Se ela não fizer nada que seja bom, você pode até mesmo elogiar um abraço que ela deu. É um exercício e os pais também têm de se disciplinar para fazer disso um hábito.

Eu noto que é muito difícil até para os pais falarem sempre a coisa certa, no momento certo. Por isso, nunca se pode deixar de dar valor ao esforço da criança em fazer algo que a leve a receber elogios do pai e da mãe, como um desenho — que pode ser visto como uma linda expressão artística ou como um rabisco no papel. A perfeição é inalcançável. Se os pais sempre exaltam o lado negativo das coisas, reforçam a frustração. Você precisa ter muito cuidado para não se tornar aquele tipo destrutivo de pai que, quando a criança diz "Olha a nota que eu tirei", responde "Você não fez mais do que a sua obrigação". Isso arrasa qualquer um.

Se você tem qualquer dificuldade de reconhecer a importância do elogio, leia o que diz o salmista: "Tudo o que tem vida louve o SENHOR!"[4] São muitas as passagens bíblicas que nos conclamam a louvar a Deus. E você sabe qual é o significado da palavra *louvor*? É, exatamente, *elogio*.

Lembre-se dessa verdade fundamental: elogios demonstram a sua alegria pela vida de seu filho — e isso o deixará sempre alegre.

REGRAS POSITIVAS GERAM ALEGRIA

Muita gente acredita que a crítica é a melhor via para se educar uma criança, que isso agiria como um estímulo. Não concordo com essa visão. Para a criança, empolgante é você e seu cônjuge levantarem ou destacarem o que é positivo nela. Isso se deve ao fato de o ser humano já ser, por si mesmo, negativo. Ele já é naturalmente predisposto a reprovar e ameaçar, muito mais do que a animar, estimular e aprovar. E, se os pais vivem criticando, criticando e criticando, o que será reforçado é o lado negativo dessa criança — e isso vai colaborar para fazer dela um indivíduo triste e cheio de complexos. Um adulto sem alegria.

Não quero dizer que os pais devem aprovar e elogiar tudo o que a criança faz. O que está em discussão aqui é a *maneira* como vão criticar. Sempre insisto na importância de se estabelecer regras. Só que regras podem servir como uma lei opressora e castradora ou como motivo de alegria, quando são cumpridas. Assim, os pais devem se preocupar em elogiar sempre que o filho cumpre as normas estabelecidas, animar as crianças a obedecer às regras, reconhecer o esforço para se cumprir um mandamento. Para corrigir o que está errado não é preciso enfatizá-lo. O ideal é exaltar a correção, para que você transmita a alegria de ver seu filho cumprindo as ordenanças, o que naturalmente o fará se alegrar a cada vez que for bem-sucedido na obediência a uma regra.

Essa também é a razão para as regras serem, em sua maioria, positivas e, em sua minoria, negativas. Se vocês sempre dizem "Não pode correr", "Não pode brincar", "Não pode gritar", "Não pode fazer isso", a criança vai pensar "Não pode fazer nada!" Mas ela pode, sim — no momento certo, na hora certa. Deve haver uma lista das atividades que podem ser feitas. Se isso for levado a cabo, os pais terão como dizer às crianças frases como: "Não é para brincar com o copo, porque quebra e pode ser perigoso, mas você pode brincar com esse seu brinquedo".

É importante ressaltar que há uma diferença significativa entre criticar e disciplinar. Aplicar disciplina é corrigir o que está errado no comportamento da criança e ensinar o certo. Já exercer a crítica é reprovar um comportamento, focando no negativo, sem o alvo de ensinar o que é certo. A diferença está na intenção do coração.

Filhos alegres são reflexos dos pais. Por isso, por mais que seja natural ao ser humano destacar o negativo em detrimento do positivo, se os pais reconhecerem isso e tentarem mudar, verão a mesma iniciativa em seus filhos. Lembre-se da sua infância. Acredito que os adultos só começam a perceber seus erros na medida em que começam a lembrar de si mesmos, observar quais são as marcas interiores deixadas pelo que passaram quando eram crianças. Em algum momento da vida, certamente o pai, a mãe, a avó ou a tia falou palavras que deixaram marcas dolorosas ou frustrantes em você — e que roubaram muito da sua alegria. Se ficou ferido por causa disso, não faça o mesmo com seu filho. É por essa razão que as regras para a sua casa precisam ser positivas.

As normas que você estabelece para seus filhos podem ter um paralelo muito direto com os mandamentos bíblicos. Quem vê a lei divina como um amontoado de normas castradoras não terá alegria em segui-la; cumpri-la será penoso e incômodo. O relacionamento com Deus será movido não por amor e graça, mas por ordens e punições. Você precisa mostrar a seus filhos que toda e qualquer regra deve ser vista pela ótica sugerida pelo apóstolo João: "Os que obedecem aos seus mandamentos nele permanecem, e ele neles. Do seguinte modo sabemos que ele permanece em nós: pelo Espírito que nos deu".[5] Ou seja, o cumprimento de normas é uma prova da intimidade entre quem as estabeleceu e quem as cumpre. Regulamentos, portanto, aproximam em vez de separar.

A Bíblia associa o cumprimento de regras ao amor: "Nisto consiste o amor a Deus: obedecer aos seus mandamentos. E os seus mandamentos não são pesados".[6] Isso tem sempre de estar claro para nossos filhos: as normas de conduta que estabelecemos para eles foram criadas justamente porque os amamos e queremos que eles aprendam a viver em sociedade e em família. O cumprimento delas é uma prova deles de que nos amam. Ao deixarmos isso muito claro, regras deixam de ser penosas e nossos pequenos aprendem que elas "não são pesadas".

Lembra-se do elogio público que o Pai celestial fez a Jesus? Agora veja o que o Filho disse a seus amigos: "Se vocês obedecerem aos meus mandamentos, permanecerão no meu amor, assim como tenho obedecido aos mandamentos de meu Pai e em seu amor permaneço".[7] Jesus deixa claro que o Pai que o elogiou e declarou seu amor por ele estabeleceu regras que o Filho faz questão de espontaneamente seguir. E, logo, nos insta a seguir também. Essa afirmação não deixa dúvidas de que amor e regras estão associados. Precisamos deixar isto muito claro para nossos filhos: normas são, mais do que qualquer outra coisa, expressão de amor. E cumpri-las deve nos deixar alegres.

Temos, como pais, que demonstrar gratidão por aquilo que a sociedade normalmente apresenta como algo ruim. A sociedade, em geral, associa regulamentos a falta de liberdade e faz deles um incômodo. Se você conseguir enxergar e mostrar as normas como algo bom, que tem causas e consequências positivas, você e seu cônjuge serão pessoas mais alegres e terão uma família ainda mais alegre.

Em diferentes trechos do livro bíblico de Salmos, os escritores são enfáticos em associar a obediência às regras à alegria e à felicidade: "Como é feliz o homem que teme o Senhor e tem grande prazer em seus mandamentos!";[8] "Dirige-me pelo caminho dos teus mandamentos, pois nele encontro satisfação.";[9] "Tribulação e angústia me atingiram, mas os teus mandamentos são o meu prazer.";[10] "Tenho prazer nos teus mandamentos; eu os amo".[11]

Devemos estar atentos, porém, a uma questão relevante quanto às regras: é importante, sim, a criança ter normas e horários, mas isso não significa que precise viver como em um quartel militar. Os cronogramas e a rotina são saudáveis, pois fazem a criança se sentir segura. Se ela quer brincar em uma hora imprópria, você pode falar: "Agora não é momento para isso, é hora de tomar banho, pode brincar depois do banho". Isso lhe mostra que existe uma ordem. Você está apresentando uma sequência, que transmite segurança, seja em casa, seja na escola. Mas se a rotina não for indispensável, tem de ser flexível.

Outro bom exemplo é a criança acostumada a dormir com um travesseiro, um cobertor ou um ursinho preferido. Quando ela vai à casa da avó ou a algum outro lugar e um dos pais diz para não se esquecer de levar o objeto, está na verdade incentivando a inflexibilidade, pois o filho vai começar a entender que ter manias imutáveis pode ser saudável. Sabemos que as crianças têm um relacionamento afetivo com certos objetos, o que, de alguma maneira, lhes transmite segurança. Mas se um dos pais incentiva, isso pode se tornar um Transtorno Obsessivo Compulsivo (TOC),[12] que, nos Estados Unidos, por exemplo, é o quarto diagnóstico psiquiátrico mais comum, depois das fobias, do abuso de drogas e da depressão.

A FALSA ALEGRIA

Agora que já vimos o que é a alegria, precisamos enfatizar o que ela *não* é. Isso é essencial devido ao fato de a sociedade consumista bombardear as crianças diariamente com a ideia de que precisam *ter* para ser felizes — por meio de comerciais inseridos nos intervalos dos programas infantis de TV, da pressão social dos amiguinhos de escola, da internet ou de qualquer outro meio que leve nossos filhos a associar alegria ao ato de comprar. Só que essa não deve ser nossa ênfase, como Jesus sabiamente destacou:

> Não acumulem para vocês tesouros na terra, onde a traça e a ferrugem destroem, e onde os ladrões arrombam e furtam. Mas acumulem para vocês tesouros nos céus, onde a traça e a ferrugem não destroem, e onde os ladrões não arrombam nem furtam. Pois onde estiver o seu tesouro, aí também estará o seu coração.
>
> Mateus 6.19-21

Presenciei um caso em que a mãe foi chamada à escola da filha porque a menina, de 9 anos, não tinha celular. Todas as crianças do colégio tinham, e a professora fazia uma atividade em que os estudantes utilizavam os aparelhos. Então a educadora quis saber por que a garota não tinha um telefone móvel. A mãe retrucou que "não tem cabimento uma criança de 9 anos ter um".

Só depende dos pais combater os estímulos que estão presentes 24 horas por dia, sete dias por semana, que levam nossas crianças a querer comprar, gastar, possuir. É um desafio enorme. E é por isso que os pais precisam reforçar o vínculo com o filho, aproximando-se dele. A criança, assim como o adulto, pode facilmente confundir alegria, gratidão e satisfação com consumismo.

Os pais têm de ensinar aos filhos o que realmente deve lhes dar contentamento. Precisam mostrar que não é um celular ou um tênis de marca que os fará alegres e felizes. É fundamental apontar que a criança pode muito bem viver contente e grata, por exemplo, por ter a possibilidade de desfrutar de passeios ao zoológico ou à praia.

Jesus é um exemplo de alguém cuja alegria não estava em *ter* algo. Ele mesmo afirmou que "As raposas têm suas tocas e as aves do céu têm seus ninhos, mas o Filho do homem não tem onde repousar a cabeça".[12] O contentamento dele estava em estar com quem amava, como no caso da famosa última ceia. Na ocasião ele se abre com seus amigos: "Desejei ansiosamente comer esta Páscoa com vocês antes de sofrer".[13] Alegria por estar com quem se ama: uma lição magnífica para nós e nossos filhos.

A Bíblia é mesmo uma fonte inesgotável de boas lições. Repare um aspecto extremamente interessante na relação entre o Filho e o Pai celestial, que podemos aplicar diariamente em nossa convivência com nossas crianças. Já vimos que eles gostavam de estar juntos, que o amor deles era notório e público. Era uma ótima relação. Mas nem por isso o Pai fazia todas as vontades do Filho. Quando estava prestes a ser preso para ser torturado e crucificado, Jesus pede — não uma nem duas, mas três vezes! — em oração que aquele "cálice" (seu sofrimento) fosse afastado dele. Vamos ler o relato:

> Indo um pouco mais adiante, prostrou-se com o rosto em terra e orou: "Meu Pai, se for possível, afasta de mim este cálice; contudo, não seja como eu quero, mas sim como tu queres". Depois, voltou aos seus discípulos e os encontrou dormindo. "Vocês não puderam vigiar comigo nem por uma hora?", perguntou ele a Pedro. "Vigiem e orem para que não caiam em tentação. O espírito está pronto, mas a carne é fraca". E retirou-se outra vez para orar: "Meu Pai, se não for possível afastar de mim este cálice sem que eu o beba, faça-se a tua vontade". Quando voltou, de novo os encontrou dormindo, porque seus olhos estavam pesados.

> Então os deixou novamente e orou pela terceira vez, dizendo as mesmas palavras.
>
> Mateus 26.39-44

Você sabe qual foi a resposta de Deus? Apesar de Jesus pedir três vezes, o que ele ouviu do Pai foi *não*. Se você é pai, sabe que falar *não* é muito mais difícil do que *sim*. Mas o próprio Senhor negou-se três vezes a atender o pedido do Filho, porque sabia que era o que tinha de ser feito. E isso apesar de Cristo estar em profunda tristeza. Muitas vezes um biquinho ou um choro de nossos filhos nos fazem contrariar nossas convicções e nos levam a ceder a seus apelos. Só que nada fez o Pai celestial ceder, nem mesmo o estado de alma terrível em que se encontrava Jesus. A Bíblia relata suas palavras de agonia: "A minha alma está profundamente triste, numa tristeza mortal".[14] Mais ainda, as Escrituras relatam: "Estando angustiado, ele orou ainda mais intensamente; e o seu suor era como gotas de sangue que caíam no chão".[15] Imagine se esse fosse o estado de espírito do seu filho! O seu coração não estaria esmagado e você não se sentiria extremamente inclinado a ceder, só para fazer cessar o sofrimento do seu pequenino? Mesmo assim, vendo toda essa situação, o Pai não cedeu, pois sabia que as consequências positivas de seu *não* seriam mais importantes.

Muitas vezes, os pais acabam tomando atitudes por impulso para evitar que a criança os fique acusando e culpando. Frequentemente uma boa chantagem emocional entra em cena. Mas eles precisam se manter firmes em suas convicções, senão a criança sempre vai se frustrar. Se obtiver algo em um dia, ela se frustra no próximo quando a mesma coisa lhe for negada. É inevitável.

Tudo de que tratamos aqui sobre alegria, contentamento, gratidão pelas coisas simples da vida tem de ser transmitido aos filhos. Se a criança não está feliz, alegre, contente, agradecida por aquilo que tem e pode ter, sempre vai encontrar alguém que tenha mais e esteja mais alegre do que ela — um colega, amigo ou primo. A questão é: o que estimula isso? Será uma real necessidade ou pura ostentação, comparação e sentimento de competitividade?

Essa é uma das razões que me fazem defender que as escolas adotem uniformes. Pois o colégio também é lugar de competitividade. A criança se espelha no tênis de um, na saia de outra e, portanto, o melhor é padronizar, para combater o consumismo exacerbado de aparentar ter mais do que o outro. Não existe nada errado em ter, por exemplo, um tênis sofisticado e caro, desde que isso não seja o reflexo de você mesmo — que você não mude por isso.

Existe muita dúvida por parte dos pais com relação a como comunicar aos filhos dificuldades financeiras que a família eventualmente esteja enfrentando. O mais importante nessa hora é o equilíbrio. As crianças têm diferentes idades e diferentes entendimentos em situações e circunstâncias distintas. Por isso, se ainda não conseguem entender o que está acontecendo, não adianta lhes comunicar certas realidades com uma linguagem que esteja fora do alcance delas. Se não for possível explicar em uma linguagem que elas compreendam, os pais devem permanecer neutros, desde que consigam controlar o desconforto, o nervosismo, a inquietação, a tensão e o estresse que causam situações complicadas.

Em uma das famílias que ajudei em meu programa de televisão, os pais anunciaram que estavam se separando. O filho adolescente era superagressivo. Dias depois, descobri que ele não sabia claramente da crise que os pais atravessavam, o que estava ocorrendo. Por isso, chorava e dizia: "Meus pais não falam comigo, não falam o que está acontecendo".

Conversei com os dois, que logo esclareceram a situação para o filho. Claro que ele ficou chateado, mas compreendeu e modificou seu comportamento, principalmente com a mãe. Ou seja, os pais usaram uma linguagem que o menino conseguiu entender. Ela lhe disse que o amava e isso começou a fortalecer o relacionamento entre os dois, o vínculo entre eles, que estava comprometido por causa da situação.

As crianças percebem tudo. Por isso é muito melhor ser sincero com elas do que esconder os fatos. Faz parte do respeito por seus filhos. Se a questão for problemas financeiros, os pais podem explicar para a criança, por exemplo, que, quando ela for tomar banho, em vez de ficar dez ou quinze minutos no chuveiro, para poupar gastos poderia levar cinco. Lógico que não se diz isso para uma criança de 1 ano, mas para a de 5, 6 ou 7 anos já se pode explicar, porque ela vai entender. Com isso, ela também saberá o valor de cada coisa e ficará alegre com o que tem.

A alegria é um estado interno de satisfação e de contentamento. Nem sempre a pessoa que dá risada o tempo todo é alegre, pode ser triste por dentro. Por isso, no convívio com a criança, no trato, no dia a dia, na convivência, no processo de educação é que os pais têm de perceber se ela é ou não contente, alegre, satisfeita, otimista e confiante. E isso independe de ela ser tagarela ou constantemente risonha.

Alegria não é possuir e também não é bom humor. Uma criança pode ser expansiva e extrovertida, mas triste. É preciso conhecer seu filho para descobrir como é sua personalidade. Se você trabalhar os traços de caráter dela, poderá entender que essa criança é, do ponto de vista da personalidade, mais quieta e introvertida sem deixar de ser contente e alegre — algo que contempla contentamento, gratidão e otimismo.

Reflexos no caráter da criança
Virtude: alegria

Agradecida: Aprender a ser agradecida pela disposição com que as pessoas a têm ajudado.

Deem graças em todas as circunstâncias, pois esta é a vontade de Deus para vocês em Cristo Jesus.

1Tessalonicenses 5.18

Contente: Entender que o que possui é suficiente para alegrar-se em qualquer circunstância.

Aprendi a adaptar-me a toda e qualquer circunstância.

Filipenses 4.11

Alegre: Estar feliz porque vive em paz.

Falando entre si com salmos, hinos e cânticos espirituais, cantando e louvando de coração ao Senhor.

Efésios 5.19

- **Confiante:** Crer que será bem-sucedida no que fizer.

Tudo posso naquele que me fortalece.

Filipenses 4.13

- **Criativa:** Encontrar maneiras de resolver uma necessidade ou um trabalho.

Transformem-se pela renovação da sua mente.

Romanos 12.2

- **Otimista:** Meditar e julgar tudo pela melhor perspectiva possível.

Mas se esperamos o que ainda não vemos, aguardamo-lo pacientemente.

Romanos 8.25

Dica da Cris:

Ensine seu filho que alegria não é simplesmente um estado circunstancial e que não depende dos bens materiais que se tem. Agradeça pelas bênçãos, grandes ou pequenas, e transmita esse sentimento de gratidão a ele.

CAPÍTULO 3

FILHOS PACÍFICOS E PACIFICADORES

O CONCEITO DE PAZ NÃO tem mistério. Refere-se a quietação de ânimo, sossego, tranquilidade, ausência de conflitos e dissensões, a um ambiente de boa harmonia, com concórdia e reconciliação. Geralmente, esse é um elemento sempre ausente nos lares em que o programa *Supernanny* é gravado, pois, quando uma criança apresenta problemas de comportamento, é porque o ambiente doméstico está um caos.

É importante frisar que em absolutamente toda família é esperado que haja, em graus diferentes, problemas, conflitos, ciúmes ou agressões. Mas a falta de paz se caracteriza pela predominância da desarmonia, por uma constância nas tribulações. Quando falamos em paz, filhos pacíficos e pacificadores, não significa que não haja situações pontuais de atrito, mas, no caso de crianças problemáticas, essa é uma característica que vem de dentro para fora. Tem a ver com confiança e tranquilidade interior.

Tentar estabelecer um conceito de paz ou de pacificação para uma criança que vive abastecida por violência é muito difícil. E uso o termo *abastecida* propositalmente, por causa da influência da internet, da televisão e dos *videogames*, por exemplo. Violência é sempre violência, mesmo nas formas mais socialmente aceitas, em especial nos meios de entretenimento.

Há demonstrações de agressividade instintivas do ser humano. É comum ver uma criança bater a cabeça contra a parede, se morder quando está irritada ou ser agressiva com a família. Quando meu segundo filho nasceu, o mais velho pedia para dar um beijo nele e, quando chegava perto, dava um cascudo. Nossa grande dúvida diante desse comportamento era: onde ele aprendeu isso? Pois não ensinamos, ele não nos via fazer aquilo. Esse instinto, ao contrário do que muitas pessoas pensam, não distingue ninguém. Atinge meninos e meninas, negros e brancos, famílias que moram em comunidades carentes ou quem nasceu em berço de ouro. Todos passam pelos mesmos problemas. O que difere é o contexto, a história, o conhecimento cultural, o diálogo que existe em cada ambiente onde isso se manifesta.

Só que existe um fator preponderante, que determina até onde esse impulso violento vai se desenvolver: o exemplo dos pais. Apesar de toda criança nascer com esse instinto de agressão e de violência, é importante o ambiente em que ela vive. Se mora em um lar no qual os pais batem nela porque ficam nervosos quando ela chora, onde xingam uns aos outros e gritam entre si, para ela a agressão e a violência dos adultos será referência e acabará se tornando normal. Por isso, o espírito pacificador deve ser desenvolvido, antes de mais nada, nos mais velhos. O sábio Salomão deixa claro que atitudes violentas são reações a atitudes violentas: "A resposta calma desvia a fúria, mas a palavra ríspida desperta a ira".[1]

Ao observar o comportamento dos meus netos, percebo que reproduzem muito o comportamento dos adultos. Em especial, dos pais. Quando brincam entre si, fico olhando de fora, sem fazer parte da brincadeira, e vejo neles uma reprodução daquilo que os pais falam e até da maneira como falam.

Como controlar a agressividade

Uma das grandes dificuldades dos pais de um filho agressivo é como se posicionar de forma correta e eficiente diante desse comportamento — um dos principais fatores que roubam a paz em um lar. Antigamente, a chinelada ou a vara de marmelo eram a resposta universalmente aceita. Hoje isso não é visto com bons olhos pela pedagogia e outras áreas que tratam da disciplina infantil. A dor e a disciplina física não são consideradas a melhor saída.

Se uma criança agir com agressividade, vocês devem mostrar a ela, falando firme, que não é para bater. Mas não apenas digam o que *não pode*, digam o que *deve*, mostrando-se uma atitude contrária. "É para fazer carinho!", você pode dizer, pegando a mãozinha de seu filho e passando no rostinho dele. É uma maneira de ensinar uma criança nova, que não sabe se expressar, que deve se relacionar com as pessoas utilizando afeto, atitudes tranquilas. Como ensina a sabedoria bíblica: "Instrua a criança segundo os objetivos que você tem para ela, e mesmo com o passar dos anos não se desviará deles".[2] Uma menina ou um menino pacífico e pacificador é o resultado natural de um adulto pacífico e pacificador.

Mesmo brincando, os pais podem ter atitudes que serão interpretadas negativamente pelo filho. Por exemplo, mordê-lo em meio a uma brincadeira, dar um tapinha "de mentirinha", achando que não é nada de mais. Você pode até achar que é simplesmente um carinho mais duro, mas a criança entende como agressão. Ela não tem noção da intensidade.

Se você morde, como vai ensinar seu filho a não morder? A não gritar, se você grita? Ele está vendo o seu exemplo. É muito difícil transmitir às crianças o que é ser pacífico e ser pacificador, mas as suas atitudes ajudam — e muito!

O único relato bíblico sobre a adolescência de Jesus nos transmite uma lição sobre esse aspecto. Ao completar 12 anos, sua família vai de Nazaré a Jerusalém para a festa da Páscoa. Na volta para casa, o menino simplesmente decide permanecer na capital. Três dias se passam (sabe lá o que Cristo fez durante esse tempo!) e a aflição de José e Maria chega aos píncaros. É quando encontram seu filho no Templo, calmamente sentado entre os mestres, ouvindo, fazendo-lhes perguntas e dando-lhes respostas que maravilham os presentes.

Ponha-se no lugar de José e Maria. Se você estivesse na situação deles, qual teria sido sua reação ao encontrar o filho três dias depois de rodar a cidade atrás dele? Uma bronca? Disciplina? Palmadas? Gritos de reprovação? Provavelmente passaria uma boa descompostura. Pois repare que o que eles fazem é dialogar:

> Sua mãe lhe disse: "Filho, por que você nos fez isto? Seu pai e eu estávamos aflitos, à sua procura". Ele perguntou: "Por que vocês estavam me procurando? Não sabiam que eu devia estar na casa de meu Pai?" Mas eles não compreenderam o que lhes dizia. Então foi com eles para Nazaré, e era-lhes obediente.
>
> Lucas 2.48-51

Perceba que a Bíblia registra que o adolescente Jesus era obediente aos pais. Será que a forma como lidavam com ele não contribuiu para essa obediência? Será que o lar dessa família não era tão pacífico e respeitador, não primava pelo diálogo e a concórdia a ponto de o rapaz assimilar esse procedimento? As Escrituras não afirmam, mas a história dá o que pensar.

O ambiente é determinante na forma como a criança vai reagir, seja ele familiar, social ou geográfico. Por exemplo, o Japão é um país muito mais humanizado que o Brasil, mas também muito mais caótico. Tóquio é uma cidade mais confusa do que São Paulo. As crianças jogam *videogames* muito mais agressivos do que aqui. Já a Índia é um país bem mais pobre do que o Brasil. Ainda assim, Japão e Índia são nações com menos violência, como resultado de um processo histórico-cultural.

Existem muitos tipos de atitudes que os pais podem tomar e que vão influenciar negativamente o filho. No caso da formação de crianças pacíficas e pacificadoras, o maior inimigo dessa virtude é a violência. E quando falamos de violência doméstica, temos de entender que esse é um conceito que vai muito além de espancamentos ou abusos. O álcool, por exemplo, é um tipo de violência. As drogas são outro. O desrespeito também. A ausência. E por aí vai.

Nos dias atuais, a agressividade está muito disseminada e bem ao alcance da criança. Se não for em casa, será no desenho animado, nos comerciais, nas novelas, nos filmes. Em muitas fontes diferentes. Percebo isso com meus netos. Certa vez saímos para passear — eu, minha filha e os três netos: Giovanna, Pedro e Raphaela — em uma praça. Um bêbado que ali estava brincou com as crianças e disse para Raphaela, que é loira e tem olhos azuis:

— Ei, você, loirinha bonitinha.

Todos ficamos tensos, mas o tal senhor foi embora. Meu neto Pedro se rebelou com aquilo e vociferou:

— Se ele tivesse dado mais um passo eu tascava uma patada na cara dele. Quebrava os dentes, jogava no chão, pulava em cima.

Entendo que ele quis defender a prima, mas sua reação foi de uma violência impressionante. E eu pensei: "Nossa, o que é isso?". Certamente, influência do meio.

O CAMINHO DA RECONCILIAÇÃO

No caminho para tornar seus filhos pacíficos e pacificadores, uma das ferramentas mais importantes é a reconciliação. Durante um tempo, eu e meu marido enfrentamos um problema normal para todo casal com mais de uma criança em casa: o ciúme. Isso gerou muitas brigas entre meus filhos. Na época, o que deveríamos ter feito, mas não fizemos, era reconciliá-los, em vez de somente apartá-los. Embora o conflito cessasse momentaneamente, a situação não era resolvida, pois faltava a reconciliação característica dos seres pacíficos. Com base nessa experiência, hoje enfatizo a importância da reconciliação para os pais que me perguntam sobre ciúme. Porque esse é o único meio de ensinar irmãos a serem pacíficos.

Para entender a importância da reconciliação, podemos novamente recorrer à Bíblia. O texto das Escrituras explicam que Jesus veio à terra justamente para reconciliar as pessoas com o Pai. A desobediência (que a Bíblia chama de pecado) criou um conflito entre a humanidade e Deus. Ao se entregar em sacrifício na cruz para pagar por nossos pecados, Cristo tornou possível essa reconciliação. Veja a exposição bíblica dessa reconciliação:

> Pois foi do agrado de Deus que nele habitasse toda a plenitude, e por meio dele reconciliasse consigo todas as coisas, tanto as que estão na terra quanto as que estão nos céus, estabelecendo a paz pelo seu sangue derramado na cruz. Antes vocês estavam separados de Deus e, na mente de vocês, eram inimigos por causa do mau procedimento de vocês. Mas agora ele os reconciliou pelo corpo físico de Cristo, mediante a morte, para apresentá-los diante dele santos, inculpáveis e livres de qualquer acusação.
>
> Colossenses 1.19-22

Essa passagem da carta de Paulo aos colossenses faz uma associação direta entre o processo de reconciliação e o estabelecimento da paz. Repare que o apóstolo explica que o Pai ficou feliz por Jesus reconciliar todas as coisas com ele. Com isso, pacificou o conflito criado pela entrada do pecado no mundo. Criador e criatura foram reconciliados. Criador e criatura voltaram a ter paz entre si. Isso é reafirmado em outras passagens da Bíblia, uma prova da importância dessa dinâmica de pacificação.[3]

Reconciliar não é fácil, porque é uma atitude ligada à preocupação com o outro, a pensar no outro, a pedir desculpas, a abrir mão de si mesmo. Existem muitas argumentações sobre a criança que não consegue se expressar, mas o pai e a mãe têm de insistir até conseguir quebrar essa resistência do filho.

É por isso que, enquanto estiver no Cantinho da Disciplina, é fundamental que a criança fique ali até pedir desculpas. Quando ela se desculpa com sinceridade, começa a chorar e abraçar — e reconhece o erro com consciência do que foi feito.

Uma mãe me disse certa vez que deixou o filho durante um ano sem poder usar seus brinquedos eletrônicos por causa de brigas. Só que um ano é um prazo exagerado, pois, caso os pais não cumpram o período, perderão a autoridade. Quando estão nervosos, acabam tomando atitudes absurdas, mas eles também têm de se manter pacíficos e pacificando. Se insistem em manter a paz com convicção, amor, determinação e perseverança, mesmo estando cansados, os pais terão um filho pacífico. Uma criança ensinada a se reconciliar será por toda a vida um adulto pacificador. Isso se aprende e se vive em casa. É um traço de caráter, uma forma de agir que vai caracterizar a personalidade do indivíduo e acompanhá-lo pelo resto da vida.

Reconciliar para alcançar a paz não é algo que se faz como em um passe de mágica. É um procedimento, um hábito mental e um trabalho diário de disciplina. Se Jesus precisou de 33 anos para fazer isso, que dirá nós.

Pacificação não é omissão

Às vezes os pais, em especial os homens, têm a tendência de confundir pacificação com omissão. Em nome da paz tornam-se omissos. Os que cometem esse equívoco costumam usar frases como "Eu não vou discutir porque vai dar briga", "É melhor ficar empurrando", "Vamos fingir que nada aconteceu". Isso é errado, pois, se não tomam uma atitude, deixam buracos na educação que são difíceis de se preencher no futuro.

É por isso que fico feliz por perceber nas minhas palestras cada vez mais a participação de homens dispostos a ouvir e a falar sobre educação, que não querem se omitir, se informam, buscam estar junto à mãe no processo educacional. O filho precisa da postura do pai, tanto do *sim* quanto do *não* dele.

Os casos de omissão masculina na educação não são apenas culpa do homem. A mulher tem desenvolvido a atitude de tomar decisões e, muitas vezes, se pôr à frente do cônjuge. Por isso, os dois têm de entender que estão juntos e que a educação dos filhos é um diálogo, não é monólogo só do marido ou só da esposa, nem só do pai ou da mãe.

Quando comecei a entender a Bíblia e, principalmente, a trabalhar com traços de caráter, vi que minha postura não era diplomática nem pacificadora, era muito mais falta de posicionamento gerada por comodidade. É frequente os pais tomarem essa mesma postura, porque, se você se acomoda, pode parecer que está sendo pacificador. Entendi, então, que minha atitude não era pacificadora, nem diplomática, como eu dizia. Na verdade, eu havia deixado de defender aquilo em que acreditava. Comecei a mudar na medida em que comecei a crescer no conhecimento, com convicções que eu sabia que podiam me apoiar. Passei a me sentir segura e me posicionar.

A presença pacífica dos pais é importante para que a criança cresça com a certeza de que, apesar das frustrações e decepções, deve continuar sendo pacífica e amorosa com as pessoas. Na medida em que vive isso em casa, que pratica a paz a partir do exemplo do pai e da mãe — e do relacionamento com os irmãos e familiares —, tende a levar o aprendizado por toda a vida.

Mesmo no caso de casais separados, o pai e a mãe podem viver em paz. Apesar de não estarem morando juntos por causa de diferenças que não conseguiram resolver, se são capazes de manter um ambiente de paz, diálogo e tranquilidade, a criança vai perceber e reagir de acordo com esse meio saudável.

Dialogar para viver em paz

O diálogo entre os pais e os filhos é a base para uma boa educação. Casais sempre me questionam sobre como podem ensinar as crianças a ser pacificadoras. Minha resposta é que o diálogo entre eles é essencial. E isso tem de acontecer desde a infância, não adianta o filho chegar na adolescência e os pais quererem começar a conversar como nunca fizeram antes.

Dialogar de modo franco e aberto é uma excelente precaução, por exemplo, contra um dos maiores medos que pais têm com relação a seus filhos em nossos dias: as drogas. Se desde cedo a criança tiver a convicção de que não quer consumir entorpecentes, mesmo que na adolescência amigos ofereçam drogas, a decisão permanecerá firme e sólida. Se isso quer dizer perder uma amizade, então ela perderá. Mais ainda: poderá chegar ao ponto de influenciar o amigo a abrir mão das drogas, fazendo o colega compartilhar da convicção dela. O pacificador tenta convencer o outro não pelo tapa, mas pelo diálogo, sendo amigo, pedindo perdão, cedendo um pouco, sendo flexível.

A leitura da Bíblia mostra que, sendo o Deus de paz que é, ele estabeleceu uma forma de diálogo com a humanidade: a oração. Mesmo que não o vejamos nem o ouçamos com nossos sentidos, esse canal de comunicação está sempre aberto. Há numerosos exemplos de pessoas que, nos mais variados momentos e em diferentes circunstâncias, recorreram a essa forma de diálogo com o Senhor.

Dentro do campo do diálogo, a melhor maneira de se aproximar da criança de até 10 anos é por meio de histórias, em especial que envolvam animais e personagens com os quais ela possa se identificar. Relatos que reproduzam situações em que haja uma atitude pacificadora, de reconciliação e convicção. A segunda forma mais eficiente é contar fatos de vida dos próprios pais e explicar como foram resolvidos, ainda que não tenham tido as melhores atitudes. Isso também é diálogo. Jesus usou muito esse recurso, ao explicar as realidades do céu por meio de parábolas. Ao todo, há quarenta dessas narrações alegóricas registradas nos evangelhos.

> Jesus falou todas estas coisas à multidão por parábolas. Nada lhes dizia sem usar alguma parábola, cumprindo-se, assim, o que fora dito pelo profeta: "Abrirei minha boca em parábolas, proclamarei coisas ocultas desde a criação do mundo".
>
> Mateus 13.34-35

Também é importante fazer as crianças se autoavaliarem, por meio de desenhos que exemplifiquem o seu traço de caráter e mostrem como reagiriam a determinada situação. Depois ela tem de contar aos pais a história que criou. Elaborar uma dramatização é um recurso que funciona muito bem. Essa é uma das formas mais eficientes de transmitir valores e princípios morais para as crianças, em especial em escolas.

Ser pacificador não é aceitar todo tipo de situação e dizer *sim* a tudo. Mas é ter atitude, posicionar-se com caráter e flexibilidade, deixar de lado a intransigência, dialogar para chegar a um acordo e abrir mão de suas vontades, se necessário. Isso não é ser fraco ou bobo — é ser forte e inteligente.

Pacificadores são pessoas firmes, em uma sociedade que fala e prega o contrário. Nossa cultura defende que vitória é aniquilar o outro, pisar nas outras pessoas para se afirmar. Mas, em vez de os pais ensinarem uma criança pequena a não bater, primeiro precisam mostrar que o carinho é mais importante. Têm de explicar como devem e podem agir. É com um beijo, um carinho, um abraço. Foi isso que Deus fez. Ele deu o exemplo: a paz vem por meio do amor.

REFLEXOS NO CARÁTER DA CRIANÇA

Virtude: paz

- **Pacífica:** Aprender a viver em paz com todos, a partir de uma instrução correta.

  "Eu lhes disse essas coisas para que em mim vocês tenham paz."

  João 16.33

- **Afável:** Aprender a ser amorosa com os outros, demonstrando harmonia.

  Sejam bondosos e compassivos uns para com os outros, perdoando-se mutuamente, assim como Deus os perdoou em Cristo.

  Efésios 4.32

Constante: Aprender a fazer o que é correto sempre.

Portanto, meus amados irmãos, mantenham-se firmes, e que nada os abale.

1Coríntios 15.58

Persuasiva: Influenciar a conhecer o que é reto.

Ao servo do Senhor não convém brigar mas, sim, ser amável para com todos, apto para ensinar, paciente. Deve corrigir com mansidão os que se lhe opõem, na esperança de que Deus lhes conceda o arrependimento, levando-os ao conhecimento da verdade.

2Timóteo 2.24-25

Dica da Cris:

Não confunda falta de posicionamento com ser pacificador. Uma das características mais valorizadas do ser humano é saber dialogar sem perder a razão. Ensine isso a seu filho.

CAPÍTULO 4

FILHOS PACIENTES E TOLERANTES

A PACIÊNCIA É UMA DAS características mais importantes para os pais. Pela definição do dicionário,[1] *paciência* é a "capacidade de tolerar contrariedades, dissabores, infelicidades". Vemos, assim, que ser paciente está diretamente relacionado a ser tolerante. E só quem tem filhos sabe quanto esse traço de caráter é fundamental para conseguir conviver em paz e harmonia com um serzinho que vive pondo a própria vontade em primeiro lugar e fazendo exigências como se o mundo girasse ao redor dele.

— Eu quero comer! Eu quero agora! Eu quero esse brinquedo! Eu quero agora! Eu quero que você venha aqui! Agora!

Já ouviu seu filho dizer algo do gênero? Você não é o único. É extremamente comum em nossos dias que certas atitudes das crianças façam os pais perderem a cabeça, com as demandas "para ontem" e a forma imperativa que eles têm de se posicionar. Tudo o que a sociedade tem presenciado em relação ao comportamento das crianças está relacionado à época em que vivemos. Estamos na era da internet e do controle remoto: é só apertar um botão e o que você deseja acontece.

Crianças são impacientes por natureza. Mas o estilo de vida que nossa sociedade de consumo impõe faz tudo ficar exacerbado. Se não é um brinquedo que ela quer ganhar, é um programa de televisão que não pode perder ou um lanche no *fast-food* da moda — tanto faz uma coisa ou outra, o importante é que a vontade dela seja atendida. E haja paciência para aguentar tantas vontades! É por essa razão que o nosso exemplo é tão importante, pois se nos mostramos pacientes demonstramos com nossa atitude que é possível domar um instinto natural do ser humano.

A vida que levamos no Brasil de nossos dias não tem contribuído para ensinar como exercer paciência. Pelo contrário, tem ajudado a gerar impaciência e intolerância. Se a exigência não for atendida na hora e do jeito determinado, o conflito é certo. E, se você não o satisfaz, seu filho tenta com outra pessoa até que consiga o que quer. O ser humano é, por natureza, impaciente, mas atualmente a situação está pior. O próprio estilo de vida do brasileiro tem piorado no que tange ao constante imediatismo. Se a internet demora cinco segundos a carregar, ficamos impacientes. Se o carro da frente não anda no exato instante em que o sinal ficou verde, começamos a buzinar. Se o elevador demora um pouquinho, esmurramos o botão, mesmo sabendo que isso não o fará chegar mais rápido. A impaciência é a tônica e a criança acompanha essa rotina desde pequena. E seu poder de persuasão tem uma força, uma autoridade e uma postura desafiadora impressionantes para os pais.

Mas é importante nos lembrarmos da sabedoria bíblica, que oferece muitos exemplos e recomendações que enfatizam como é imperativo ter paciência, como: "Sejam pacientes até a vinda do Senhor. Vejam como o agricultor aguarda que a terra produza a preciosa colheita e como espera com paciência até virem as chuvas do outono e da primavera".[2] Essa passagem nos lembra como, até poucas décadas atrás, o ritmo do mundo era outro — não havia televisão, internet, celular, computador, máquina de lavar, caixa eletrônico, nada disso. Só que as crianças não conseguem entender essa mudança, porque em pouquíssimo tempo a tecnologia, em especial, se desenvolveu muito rápido, alterando significativamente o estilo de vida da sociedade ocidental. Por um lado isso facilitou o dia a dia. Por outro, contribuiu para multiplicar a impaciência já inerente à natureza humana. Antigamente estávamos acostumados a aguardar, mas hoje parece que esperar é o sofrimento maior que se pode enfrentar. É um desafio para os pais andar na contramão desse sentimento coletivo para servir de bons exemplos para os filhos.

Quando eu era mais nova, a única opção dos pais era esperar e confiar. Eu saía de casa às seis horas da manhã, pegava trem e metrô e voltava à uma hora da tarde — e ninguém sabia onde eu estava nesse período. Não havia celular, SMS ou qualquer forma de se comunicar durante o dia, então minha mãe estava acostumada a aguardar meu retorno. Hoje isso seria impensável e, se eu tivesse um celular que desse fora da área de cobertura por meia hora, minha mãe já ficaria em polvorosa, telefonaria para a polícia, acionaria os amigos, estaria com a impaciência à flor da pele. Quando alguém de nossa família hoje em dia sai de casa, tentamos nos comunicar e a ligação cai em caixa postal, muitas vezes, entramos em desespero. Já pensamos que foi assaltado ou algo do gênero. É automático.

Por tudo isso, o casal precisa tirar momentos de reflexão. É importante sempre analisar as escolhas e os objetivos para sua família. Porque educar os filhos para serem pacientes e tolerantes na era digital é uma tarefa extremamente desafiadora. E sem refletir sobre posturas, atitudes e práticas, a tendência é os pais também embarcarem na espiral de impaciência, o que fará deles maus exemplos para os filhos — quando deveriam ser o contrário.

Um bom ponto de partida para essa reflexão é a afirmação bíblica de que Deus é grande em paciência.[3] Se o próprio Senhor é paciente, devemos refletir esse traço de caráter, para que, por sua vez, nossos filhos se espelhem em nós. As Escrituras nos convidam: "Sejam imitadores de Deus, como filhos amados."[4] Se temos de reproduzir o padrão divino, não há como fugir de procurar desenvolver a paciência.

Paciência na prática

A constatação de que somos o grande referencial para nossos filhos exige que uma realidade fique marcada na mente dos pais: as crianças aprendem tudo, desde pequeninas. Minha neta menor, Raphaela, é um exemplo prático. Desde os 2 anos ela pega o telefone e sai pela casa falando, porque vê o pai e a mãe fazendo isso. Já meu neto, Pedro, costumava pôr a pasta de dente na escova e correr para assistir à televisão. Pois o ambiente em que ele vivia transbordava interatividade, comunicação, ações realizadas simultaneamente — e ele aprendeu observando os mais velhos que não se pode gastar tempo, nem para escovar os próprios dentes.

Não existe como fugir da nossa era. Deixar para trás toda a tecnologia, ignorar a sociedade de consumo e se esconder em uma caverna tampouco é uma alternativa viável. A saída, então, é buscar conviver com a loucura do cotidiano da melhor forma possível. Como é inevitável fugir do aparato tecnológico e da avalanche de propagandas que nos cercam, temos de ensinar às crianças como conviver com tudo isso de forma positiva.

Assim, se o seu filho diz "Eu quero esse brinquedo", você sempre tem a opção de dizer "Hoje não dá para comprá-lo porque não temos dinheiro". Uma excelente alternativa é incentivar a criança a juntar o valor de que precisa para comprar o que deseja — o que vai levar tempo e, com isso, ela exercitará a paciência. Pois, consequentemente, vai pensar: "Eu tenho um alvo e preciso trabalhar para alcançar este objetivo, mesmo que demore tempo". São pequenos exercícios como esses que farão a criança controlar a ansiedade e entender que nem tudo se consegue tão fácil como parece.

Outra dinâmica interessante é exercitar a paciência de seu filho na hora das refeições. É uma luta conseguir que ele espere todo mundo sair da mesa para só depois se levantar. Mas, quando uma criança se levanta antes das demais pessoas, pode-se dizer para ela: "Você pediu licença para ver se deixam você sair antes dos outros?". Isso é paciência na prática. Não se pode simplesmente sentar-se, comer e ir embora, pois essa atitude demonstra falta de respeito e, até mesmo, de tolerância.

O momento da refeição, aliás, é emblemático no exercício da paciência. Chega um momento da vida de nossos filhos em que eles começam a rejeitar muitos alimentos que antes ingeriam sem problema. Lembro-me de uma vez, quando meus filhos eram pequenos, quando fiz sopa de legumes e o mais velho, Federico, se recusou a tomar. Meu marido lhe disse: "Se você não tomar sopa de legumes não come mais nada". E foi o que aconteceu. Na refeição seguinte, pusemos no prato a mesma sopa. Foi a primeira e a última vez, pois estava morrendo de fome e a tomou. Com isso, ele e os outros irmãos aprenderam a lição.

Se a criança argumenta que não quer determinado alimento e os pais simplesmente acatam, ela nunca comerá aquilo. Muitas mães me perguntam como fazem para seu filho comer. Eu respondo: "Como assim? Ele não come nada?". A resposta, em geral, é parecida em todos os casos, algo na linha "Ele não quer o que eu faço, só toma leite, come biscoito, chocolate, iogurte." O fato é que, na verdade, não é que a criança não coma. Só que, se o seu filho não come aquilo que está na mesa e os pais dão outro alimento, ele nunca vai gostar do que rejeitou. Comer é algo que se aprende. E cabe aos pais ensinar seus filhos. E isso, na maioria das vezes, requer muita paciência.

Naturalmente, não adianta querer que o filho coma se você não come. Uma alternativa é preparar os alimentos de que um dos pais não gosta em um horário em que não se está em casa. Se o marido não suporta fígado, mas é importante que esse alimento faça parte da dieta das crianças, a mãe pode servir fígado a elas na hora do almoço, quando o esposo não está em casa. Mas lembre-se: todo mundo pode mudar de gosto, é só uma questão de hábito. Se houver uma intolerância alimentar por alergia ou algo do gênero é uma coisa, mas se for simplesmente porque não se gosta, é totalmente possível mudar isso. Só que, naturalmente, a tarefa vai exigir paciência, muitas rejeições e insistência com amor.

É importante reparar que esses ensinamentos estão relacionados à rotina diária da família. São exercícios que podem ser feitos dentro de casa, tranquilamente, mas é preciso ter convicção e discernimento do certo e do errado. Porque muitas vezes são os pais que dão maus exemplos, as crianças simplesmente copiam o que viram. A realidade de que o filho reproduz a natureza de seus pais pode ser encontrada até mesmo em Jesus — guardadas, claro, as devidas proporções. É curioso notar que a designação *Filho de Deus*, como aplicado a ele na Bíblia, não quer dizer que Cristo foi gerado pelo Pai como os humanos são. Dentro da cultura judaica do primeiro século, afirmar essa filiação era dizer que o filho é "a expressão do que o Pai é" e "a expressão exata do seu ser",[5] além de possuir e compartilhar os mesmos atributos. Isso fala muito sobre como os judeus entendiam a questão da filiação, como um compartilhamento de essência.

Uma dinâmica que se pode fazer para exercitar a paciência é levar a criança para a cozinha. Se ela for convidada a ajudar a mãe a, por exemplo, preparar um bolo, verá que é preciso esperar todo o preparo, mais o tempo no forno para, só então, comê-lo. Ao tomar ciência do processo, seu filho vai entender o que envolve a preparação de um alimento quando for a um restaurante ou supermercado. Minha nora, Mila, usa essa estratégia com meu neto, que gosta de cozinhar. Sabendo disso, ela comprou um gorro de cozinheiro e eu o presenteei com um avental. Dessa forma, ele saiu da rotina de apertar botões e obter tudo com rapidez e passou a compreender que gastar tempo é algo necessário na vida.

As histórias da Bíblia são uma excelente fonte, de fácil acesso, para levar você a conversar com seus filhos sobre a importância de ter paciência e saber esperar. Ainda na área da culinária, você pode relatar o que era necessário, por exemplo, para que um simples peixe chegasse à mesa, lendo passagens como Lucas 5.1-11, que conta o episódio da pesca milagrosa, e, em seguida, João 21.1-13, que mostra o método de preparo dos peixes — acendendo uma fogueira e pondo o pescado sobre brasas. É uma ótima oportunidade para explanar sobre todo o processo necessário para preparar uma simples refeição de frutos do mar.

Outro exemplo seria ler junto as viagens missionárias de Paulo em Atos dos Apóstolos e explicar o grande tempo que era necessário para percorrer a pé ou de barco uma distância que hoje, de avião, se cobriria em minutos ou em poucas horas. E, ainda, explicar com base no livro de Rute ou no capítulo 25 de Levítico como era o processo de semeadura e colheita agrícola, quanto tempo era preciso para se cultivar vegetais, um processo que depende do vagar da natureza e não de aplicativos ou *softwares* que funcionam à base de *megabytes*.

Tolerância se aprende em casa

Como vimos no início deste capítulo, a paciência anda de braços dados com a tolerância — que, por sua vez, está atrelada a relacionamentos. Uma triste constatação de nossos tempos é que as pessoas não se toleram mais, porque tolerar significa aceitar o outro com as diferenças e os defeitos, para aí sim conviver com ele. Onde está essa tolerância nos dias de hoje? Como um casal que briga constantemente e não se tolera pode querer que os filhos respeitem os irmãos, os pais e as outras pessoas?

Uma demonstração estatística de que a sociedade está muito intolerante são os índices de divórcio. Se o cônjuge não satisfaz seus desejos, ele é trocado. Isso está relacionado com o ego — literalmente, com o egoísmo. A era em que vivemos leva as pessoas ao individualismo e ao egocentrismo. Só que a paciência e a tolerância têm a ver com o próximo. E é importante sempre lembrar do maior mandamento de Deus:

> "Ame o Senhor, o seu Deus, de todo o seu coração, de toda a sua alma e de todo o seu entendimento". Este é o primeiro e maior mandamento. E o segundo é semelhante a ele: "Ame o seu próximo como a si mesmo".
>
> Mateus 22.37-39

Amar o próximo sem tolerância é virtualmente impossível, pois não há ninguém no mundo que seja igual a nós em tudo. Por um lado, somos levados a nos perguntar por que temos de tolerar e negociar com o próximo se podemos nos comunicar com alguém que tem o mesmo gosto que o nosso, mas por outro somos chamados a amar indistintamente. Assim, a sociedade exacerba o *eu*: como *eu* quero, do jeito que *eu* quero, quando *eu* quero. Mas é então que somos lembrados que tolerar muitas vezes significa ceder: "Prefiram dar honra aos outros mais do que a si próprios".[6]

A sociedade como um todo precisa tirar um grande momento de reflexão. E isso significa repensar seus valores, pois as crianças tendem a reproduzir o exemplo dos mais velhos. Se um pai e uma mãe não desenvolvem a paciência e a tolerância, como podem desejar que seu filho seja paciente e tolerante? Mais ainda: o que leva um indivíduo a querer que seu filho tenha esses traços de caráter se ele mesmo quer sempre ter as coisas como e quando quer? Se um homem se divorciou e se contenta com relacionamentos com garotas de programa, por exemplo, por que ele vai querer alguma coisa diferente para sua filha? A realidade de nossos dias caminha para a falta de relacionamento.

A AMEAÇA DO ESTRESSE

O estresse com as obrigações e a preocupação com o bem-estar dos filhos muitas vezes é exatamente o que leva o pai e a mãe a ficarem impacientes. Certa vez falei ao meu marido: "Você já percebeu que só discutimos por causa das crianças?" Isso é um circulo vicioso: essa situação provoca um estresse que leva o casal a perder a paciência com os próprios filhos, tornando-se intolerantes com eles e levando-os a ser impacientes. Como isso pode ser resolvido? Diálogo.

Novamente, conversas abertas surgem como um fator de solução de problemas. É preciso que você e seu cônjuge façam perguntas básicas, de preferência antes mesmo da chegada da primeira criança. Perguntem-se: Para que queremos educar nosso filho? Como foi nossa experiência de vida? Como fomos educados? O que foi positivo? O que foi negativo? Que aprendizado podemos tirar de nossas próprias experiências? O que queremos repetir e o que não queremos?

É sobre questionamentos como esses que tenho trabalhado. O ideal é você conseguir fazer essas reflexões antes de ter filhos, pois, com isso, ganha tempo. Porque, na hora em que a primeira criança nasce, tudo vira de cabeça para baixo e as necessidades imediatas roubam muito do espaço que existe para reflexão.

Antes de os filhos nascerem os pais deveriam discutir sobre suas diferenças e crenças, sobre a educação e os valores que querem transmitir a eles. A criança certamente já vai sentir a segurança transmitida por esses pais. Claro, isso não garante que a vida do casal será um mar de rosas e que não possa ter suas diferenças, mas vai evitar que entre em conflito e até que bata boca na frente das crianças.

Um dos maiores inimigos do diálogo é o estresse. O casal precisa ficar muito atento a esse mal. Ainda hoje lembro-me do que aconteceu com minha filha Luciana quando tinha 2 anos. Ela chupava o dedo e eu já tinha feito de tudo para ela parar com esse hábito — cheguei ao ponto de enfaixar os dedos e colocar pimenta, o que hoje sei que são atitudes equivocadas. Chegou um momento em que ela até parou durante o dia, mas ao dormir ainda levava o dedo à boca.

Houve uma noite em que a pus na cama e, no quarto ao lado, os dois irmãos estava fazendo a maior bagunça. No meio da confusão, fui ver o que estava acontecendo e parei de dar atenção a ela, que começou a me chamar. Como estava tentando acalmar os outros dois, sem muito sucesso, fiquei nervosa e gritei:

— Lu, para de me chamar que estou com os seus irmãos, deita e dorme!

Quando os meninos se acalmaram, fui até seu quarto e finalmente perguntei o que ela queria. A resposta me fez até chorar.

— Mãe, eu queria te dizer que nunca mais vou chupar dedo.

E, de fato, minha filha nunca mais chupou o dedo. Sem que eu percebesse, aquele era um momento marcante em sua vida, pois ela estava alcançando um novo patamar de maturidade. Ela decidiu sozinha algo sobre o seu crescimento. E eu, em meio a todo aquele estresse, a todo aquele caos, simplesmente a ignorei. É em ocasiões como essa que perdermos a oportunidade de ouvir os filhos e de ensiná-los, com nosso exemplo pessoal, sobre paciência e tolerância. Os pais sempre devem escutar os filhos, sob o risco de perder momentos preciosos que nunca mais voltarão.

Estímulos lúdicos

A tecnologia é algo muito bom, mas desumaniza. E isso é um problema para famílias que desejam viver num ambiente de paciência e tolerância, pois essas virtudes têm a ver com relacionamentos. Por isso, buscar atividades como desenhos, jogos de tabuleiros, quebra-cabeças e outras brincadeiras que levam tempo e exigem esforço mental são essenciais: estimulam a paciência da criança e, de quebra, promovem a interação entre os integrantes da família.

É um equívoco achar que as crianças de nossos dias só vão se divertir se brincarem com *videogames* e aplicativos de iPhones e iPads. Meu neto, por exemplo, adora um jogo de tabuleiro e fica animadíssimo quando joga. Contar histórias também é uma ótima opção, além de brincadeiras que envolvam toda a família.

Por força da estrutura social e cultural em que vivemos, em muitas grandes cidades as famílias transitam em ambientes que não permitem muita liberdade. Antigamente, os casais tinham muitos filhos e viviam em casas amplas, com jardins e quintais. Meus filhos brincaram na rua, mas, hoje, meus netos não podem, não temos como permitir isso. Então é importante buscar alternativas, como passar temporadas em sítios ou locais que tenham espaço para caminhar, correr e brincar de atividades como esconde-esconde.

A mudança na sociedade transformou a estrutura e a rotina familiares. Não muitas décadas atrás, a mãe amamentava um filho enquanto os outros estavam do lado de fora da casa brincando entre si ou com o cachorro. Hoje, a família mora num apartamento e, quando a mulher está amamentando um filho, o outro não tem para onde ir e fica vendo a mãe dar atenção ao irmão sem poder receber. As famílias estão mais próximas fisicamente mas mais distantes emocionalmente.

No programa *Supernanny* eu sempre procuro reaproximar as famílias, criar novamente o vínculo entre pais e filhos. Já os pus para dormir todos juntos no sofá, ou, quando tinham quintal, até propunha montar uma barraquinha do lado de fora para ler livros à luz de uma lanterna. Tudo isso com o objetivo de humanizar os relacionamentos, que tornaram-se frios em função das características de nossa sociedade.

Você nunca pode se esquecer de que *a paciência e a tolerância têm a ver com relacionamentos*. Esse é um conceito extremamente importante. Se você não está com seu cônjuge e seus filhos, será muito mais difícil desenvolver esses traços de caráter. E se seus filhos não aprenderem com o seu exemplo, as chances de se tornarem adultos intolerantes e impacientes são enorme. E extremamente preocupantes.

Reflexos no caráter da criança
Virtude: paciência

Paciente: Aceitar tudo sem murmuração, como sendo o melhor para si.

Livremo-nos de tudo o que nos atrapalha e do pecado que nos envolve, e corramos com perseverança a corrida que nos é proposta.

Hebreus 12.1

Tolerante: Aprender a aceitar os outros e estar disposta a suportar atitudes com as quais não concorda.

Deixemos de julgar uns aos outros.

Romanos 14.13

Segura: Aprender a edificar sua vida sobre traços de caráter que nunca falharão.

Você estará confiante, graças à esperança que haverá; olhará ao redor, e repousará em segurança.

Jó 11.18

Perseverante: Poder conservar-se firme e constante, sem levar em conta o tempo e as circunstâncias.

E não nos cansemos de fazer o bem, pois no tempo próprio colheremos, se não desanimarmos.

Gálatas 6.9

Dica da Cris:

Os filhos copiam o que somos e fazemos. A impaciência deles pode ser reflexo da sua. Por isso, policie suas atitudes. Além disso, crie o hábito de sair do computador, deixar o celular em casa e ir passear com sua família num parque ou em outro ambiente ao ar livre.

CAPÍTULO 5

FILHOS AMÁVEIS

Antes de falarmos sobre como podemos influenciar nossos filhos com o exemplo pessoal de amabilidade, precisamos entender bem o que é esse traço de caráter que o apóstolo Paulo destaca como parte do fruto do Espírito. Isso é importante porque existe uma certa confusão com a virtude que ele cita logo a seguir, *bondade* — e, como são conceitos parecidos, muitas pessoas não conseguem distinguir um do outro. Para que não haja dúvidas do seu significado exato, cabe aqui uma explicação.

O termo original no grego que foi traduzido no português como *amabilidade* é *chrestotes*, que significa exatamente uma excelência moral (em caráter ou comportamento) que produz gentileza. Ou seja, a pessoa que tem esse traço de caráter é apontada pela Bíblia como alguém digno de ser amado devido a uma postura ética irreprovável. Com essa definição em mente, podemos entender que um indivíduo amável é alguém agradável, que sabe expressar seu amor por uma atitude pessoal derivada de um caráter direcionado para o bem e que se afasta do mal.

E quem mais espelha essa descrição do que o próprio Cristo? Ele é a referência maior de uma pessoa amável. Primeiro, porque sua moral foi inquestionável. As Escrituras registram o fato de que ele nunca cometeu uma falha sequer: "Não temos um sumo sacerdote que não possa compadecer-se das nossas fraquezas, mas sim alguém que, como nós, passou por todo tipo de tentação, porém, sem pecado".[1] Em segundo lugar, Jesus é digno de ser amado. O Pai o amou, como registra Mateus 3.17: "Este é o meu Filho amado, de quem me agrado".

É interessante notar que, mesmo sendo o exemplo maior de amabilidade, o Cristo nem sempre falou só o que as pessoas queriam escutar. Foi um homem amável, que fez a humanidade refletir, mas sempre foi firme nos seus posicionamentos. Um exemplo enfático disso é o discurso que fez acerca das atitudes hipócritas dos mestres da lei de sua época: "Ai de vocês, mestres da lei e fariseus, hipócritas! [...] Serpentes! Raça de víboras! Como vocês escaparão da condenação ao inferno?".[2]

Do mesmo modo que Jesus, é possível ser amável conciliando ternura e firmeza. Os pais precisam se lembrar diariamente de agir com ponderação. Se você, ao temperar um alimento, se excede e põe muito sal, ninguém come, mas, se não coloca nem uma pitada, a comida fica insossa. No que tange à amabilidade, o princípio é o mesmo: há ocasiões em que você pode ser suave e carinhoso e, em outras, é necessário ser mais firme. Quando isso é feito com base no amor e com o objetivo de dar o seu melhor pela criança, em nenhum desses momentos você deixa de ser amável.

Amabilidade, portanto, não é condescendência, como muitos podem acreditar. Ser amável com os filhos não quer dizer que os pais vão concordar com tudo e ceder em toda circunstância. Pois, em momento algum, essa virtude pode se chocar com o processo de educação e de correção dos filhos. Ser amável — ou afável — é bem diferente de ser permissivo. O pai e a mãe devem ser sólidos em suas posturas e perseverantes naquilo que acreditam ser o melhor para as crianças. Mas, ao falar, não devem gritar nem perder o controle. Isso é uma qualidade intrínseca do indivíduo amável, porque essa característica demonstra amor. Amabilidade pressupõe ser amoroso e firme ao mesmo tempo — uma atitude não invalida a outra.

Uma vez que o casal mostra segurança, a criança vai entender o que significa o amor. Vai compreender que seus pais a educam e chegam até mesmo a brigar para o bem dela, porque a amam. E isso vai produzir nela amabilidade. Aqui é importante lembrar que, do mesmo modo que pais amáveis demonstram simultaneamente ternura e firmeza, o mesmo vale para filhos amáveis. Assim, você não deve confundir uma postura de crença em ideais próprios com desobediência ou intransigência, é preciso muito discernimento para identificar o que é o quê. Pois seu filho pode ser amável, mas não concordar com tudo que você pensa. Não espere sempre de uma criança amável beijos e abraços, há momentos em que ela também vai confrontar você, falar aquilo que pensa e defender as próprias ideias. Não é por isso que deixa de ser uma pessoa benigna.

A Bíblia nos conta a história de um jovem chamado José, um exemplo bem característico disso. No início do relato sobre sua vida, as Escrituras o apresentam como alguém que não economizava palavras para apontar o que estava errado naqueles que amava: "Quando José tinha dezessete anos, pastoreava os rebanhos com os seus irmãos. Ajudava os filhos de Bila e os filhos de Zilpa, mulheres de seu pai; e contava ao pai a má fama deles".[3] Repare que, ao mesmo tempo em que trabalhava em prol da família e auxiliava os irmãos, José relatava ao pai o que eles faziam de errado. Tinha afeto por eles, mas também firmeza ao denunciar suas falhas.

Os pais não devem apenas viver de forma amável, mas também explicar as diferenças de atitudes e sentimentos, porque as crianças podem interpretar de forma equivocada com muita facilidade. Como disse o sábio Salomão, "Quem se nega a castigar seu filho não o ama; quem o ama não hesita em discipliná-lo".[4] Assim, a disciplina é resultado do amor dos pais, só que, para as crianças, pode ser motivo de muita revolta. E muitas vezes essa disciplina acaba sendo associada a aspectos negativos. No instante em que você dá uma advertência ou põe seu filho no Cantinho da Disciplina, exigindo que ele fique sentado, aparentemente sua atitude não está sendo amável, embora seja. Porque amabilidade pressupõe querer o bem do outro. E a motivação que leva a disciplinar não é um sentimento de maldade, mas de benignidade. E a criança só vai compreender isso se você dedicar tempo para explicar cada postura e atitude e for atento a tudo o que diz.

Atenção à escolha das palavras

No processo cotidiano de transmissão de amabilidade para seus filhos, com o objetivo de servir de exemplo para que se tornem pessoas amáveis, é extremamente importante prestar atenção à escolha das palavras. A sabedoria bíblica ressalta o peso de tomar cuidado com o que se diz:

> Se alguém não tropeça no falar, tal homem é perfeito, sendo também capaz de dominar todo o seu corpo. Quando colocamos freios na boca dos cavalos para que eles nos obedeçam, podemos controlar o animal todo.[5]
>
> Tiago 3.2-3

Se um pai deseja que seu filho cresça como uma pessoa amável, terá de ensinar a ele a importância de falar sempre a verdade, com amor, lembrando que nem sempre a sinceridade agrada. Assim, não é só uma questão de o que falar, mas, também, de como fazê-lo. Como escreveu Paulo: "O seu falar seja sempre agradável e temperado com sal, para que saibam como responder a cada um".[5]

Assim, um grande desafio do casal que deseja educar seu filho de forma amável é saber equilibrar firmeza e ternura para que sua palavra seja "temperada com sal". Algumas situações bem típicas servem de exemplo para essa necessidade, como quando a criança começa a saltar perigosamente em cima do sofá da sala ou de algum outro móvel. É quase que um reflexo para os pais nessas horas pedir, ou mesmo mandar: "Pare de pular no sofá, senão você vai cair". Naturalmente, essa determinação tem a melhor das intenções , que é preservar a integridade física dela e evitar que se machuque. Só que isso desagrada o filho, que está morrendo de vontade de brincar naquele lugar macio e mostrar suas acrobacias novas. O escritor aos hebreus compartilhou essa realidade com muita precisão: "Nenhuma disciplina parece ser motivo de alegria no momento, mas sim de tristeza. Mais tarde, porém, produz fruto de justiça e paz para aqueles que por ela foram exercitados".[6]

Infelizmente, muitas crianças não percebem a sabedoria dessa verdade, se recusam a acatar a orientação dos pais e só aprendem da pior maneira. No caso, se machucando. Se o filho ignora os apelos e a instrução paterna e cai do sofá, é preciso, primeiro, confortá-lo, cuidar dele e enxugar-lhe as lágrimas, para, em seguida, explicar: "Filho, nós não falamos isso porque queremos o seu mal ou porque somos chatos ou estraga-prazeres. Falamos porque sabemos que é perigoso". O ideal, claro, é que ele compreenda essa explicação sem que seja necessário se machucar primeiro. Mas, embora seja indesejável, muitas vezes a criança só vai entender a amabilidade presente na repreensão depois que colheu os frutos amargos da sua desobediência.,

Os pais devem ter muito cuidado com o que falam, pois seus filhos absorvem tudo e capitalizam para usar em outras situações. Portanto, todo cuidado com o que se diz a eles na infância é importante, porque é nesse período que a criança pode pensar por associação: "Meu pai fica chamando a minha atenção a toda hora, logo, eu sou uma pessoa desobediente".

Quando tinha pouco mais de 2 anos, meu filho Esteban escorregou e caiu dentro de uma piscina. Corri e saltei na água o mais rápido que pude, porém não a ponto de impedir que ele batesse a cabeça. Não chegou a desmaiar, mas estava bem tonto. Nós o levamos para o hospital e, após examiná-lo, o médico constatou que não teve nenhuma sequela. Sempre atento às nossas conversas, Esteban tendia sempre a se justificar, desde pequeno. Na ocasião, chegou para mim e disse: "Não fica bravo comigo, mãe, eu bati a minha cabeça." Esse episódio foi marcante no sentido de chamar minha atenção e de meu marido para termos muito cuidado com o que dizemos.

FILHOS AGRESSIVOS OU MANIPULADORES

Na disciplina de ser amável para formar filhos amáveis, é essencial reforçar os traços de caráter positivos, não só por meio de palavras e elogios, mas também de atitudes. Por isso devemos constantemente estar atentos para identificar o que se verifica como qualidades em nossos filhos e trabalhar esses aspectos, por vários meios, como incentivos, elogios, prêmios ou recompensas. E isso, de forma prática. Por exemplo, demonstrando como eles podem e devem ser amáveis com os colegas e como a agressividade é algo indesejável.

Muitos pais têm preconceitos quanto a matricular os filhos cedo em uma creche ou escola. Mas a convivência com indivíduos de fora do núcleo familiar pode ser muito favorável. Chega um momento em que as crianças começam a entender que existem outras pessoas no mundo além dos membros da família. Em geral, isso ocorre quando entram em uma instituição de ensino e começam a se socializar. Muitas vezes, em casa, a briga com o irmão não recebe limites, a mãe deixa fazer tudo ou a empregada entrega na mão o que o pequeno deseja. Só que, na escola, se agir como quer, em desrespeito aos outros, a criança provavelmente vai levar tapas, mordidas e empurrões dos colegas. Também será obrigada a respeitar o próximo quando a professora chamar a atenção. Em ambientes externos à própria casa, a criança aprende que tem de respeitar as demais pessoas. Isso não quer dizer que esse processo ocorra de comum acordo ou que ela esteja muito feliz com isso, mas aos poucos essa realidade é absorvida.

O aprendizado começa já nos primeiros anos de vida, não só no que tange à assimilação de conhecimento, mas de valores e práticas. Quando o bebê nasce, descobre logo que, se chorar de fome, vai ganhar leite. Depois, aprende que, se fizer isso ou aquilo, o pai pega no colo, a mãe se levanta no meio da noite e vai até seu quarto ou qualquer outra atitude. É essa forma de aprendizado, de "eu faço isso e acontece aquilo", que a criança leva consigo durante todas as etapas do seu desenvolvimento. Portanto, se seu filho aprende cedo a ser agressivo em vez de amável, a tendência é o crescimento acentuar essa agressividade.

As atitudes de um filho que desde pequeno é agressivo só tendem a piorar na medida em que ele vai crescendo. É nessa fase que os pais devem mostrar que ele é carinhoso, que pode conversar baixinho — dizendo sempre que o amam. Mas é preciso ter sempre em mente: isso não significa que você vai ceder se o filho pedir com beijinhos algo que não deva receber. Filhos aprendem facilmente o jogo da manipulação. Se percebem que fazer agrados e carinhos os leva a ganhar algo em troca, tornam-se indivíduos manipuladores e calculistas.

Assim, é fundamental ter discernimento para detectar em tempo e corrigir problemas que venham a surgir, de preferência nos primeiros anos de vida. A criança tem de entender que tão ruim como ser agressiva é usar uma aparente amabilidade como meio de manipulação para obter o que quer. E isso ela só aprenderá mediante a instrução dos pais — por palavras e atitudes.

Ser agressivo é sinônimo de ser violento. Pela própria definição do dicionário, agredir é "praticar agressão ou violência contra."[7] E a Bíblia deixa claro que violência se opõe diretamente à amabilidade. Paulo aborda indiretamente a questão ao apresentar as qualidades necessárias a um bispo:

> É necessário, pois, que o bispo seja irrepreensível, marido de uma só mulher, moderado, sensato, respeitável, hospitaleiro e apto para ensinar; não deve ser apegado ao vinho, nem violento, mas sim amável, pacífico e não apegado ao dinheiro. Ele deve governar bem sua própria família, tendo os filhos sujeitos a ele, com toda a dignidade.
>
> 1Timóteo 3.2-4

Repare a oposição imediata de "não violento" com "amável", explicitada pela expressão "mas sim". Ou seja, é impossível praticar violência e ser benigno ao mesmo tempo. Fica claro que uma criança agressiva não demonstra esse traço de caráter chamado *amabilidade*.

Chorar e gritar pode?

Se a violência é uma característica que confronta a amabilidade, precisa ser combatida o quanto antes. E não estamos falando só de bater, morder, arranhar, chutar ou ofender verbalmente. No que tange à agressividade e à manipulação, duas das principais armas que as crianças usam para conseguir o que querem são o choro e o grito. Os pais precisam se empenhar para controlar esse comportamento e ensinar a forma correta de proceder. Por isso, não se deve deixar a criança gritar ou chorar sem motivo.

É claro que, se o choro é justificável, não há motivo para repreensão. Se ela está com dor, bateu o joelho, caiu ou algo do gênero, pode chorar, é compreensível. Não é ocasião para disciplina, mas sim um momento para oferecer carinho e conforto. Mas, se o seu filho pede algo e não é atendido, você precisa fazê-lo explicar o que quer, criar o diálogo para não haver esse tipo de birra.

Quando você vê que é birra, pode deixar. Não vai acontecer nada. Na hora o filho percebe que não está conseguindo o que quer, porque o choro e o grito são ferramentas de comunicação como quaisquer outras. Mas se a criança percebe que o método deu certo e que chorando e gritando conseguiu o que queria, vai passar a reproduzir esse comportamento em qualquer lugar: *shopping*, cinema, casa de amigo, rua ou onde for.

A primeira atitude a tomar, se você percebe que seu filho tornou-se um birrento contumaz, é cortar esse procedimento em casa. Se você percebeu que é birra, manha, deixe a criança chorar sem nenhum drama de consciência. Posicione-se, seja firme, deixe-a derramar quantas lágrimas for e gritar pelo tempo que for preciso até que se canse. Pode chorar muito? Algumas crianças são persistentes, então simplesmente deixe chorar. Pode soar como algo engraçado ou mesmo desumano, mas acredite: não é. O problema essencial não é a criança chorar — é você aguentar o choro.

Esse é o grande problema que muitas famílias enfrentam. Por acreditar que seria uma postura negativa ou negligência deixar seu filho amado chorando ou gritando sem fazer nada para confortá-lo, muitas mães ou pais paparicam a criança e cedem na maioria das vezes. Isso ocorre pela falta de discernimento para distinguir o que é um choro justificável do que é uma birra. Mimar seu filho quando ele toma esse tipo de atitude na verdade mais o prejudica do que ajuda. Pois ele descobre como se manipula e, mediante essa violência — física ou emocional — torna-se uma pessoa calculista e interesseira, que usa os sentimentos e as emoções para atender suas vontades e não como expressão sincera de afeto. Casais que não percebem isso formam crianças insuportáveis, que se tornarão adultos nada amáveis.

Lembre-se sempre que amor não é condescendência. Amor vem junto com disciplina. Se você tem o hábito de orar, pense quantas vezes ao longo de sua vida pediu algo a Deus que não recebeu ou que demorou muito tempo para receber. Porque o Pai celestial também diz *não*. A famosa oração do Pai Nosso diz "seja feita a tua vontade, assim na terra como no céu"[8] e não "seja feita a tua vontade, mas se eu chorar e gritar bastante me atenda agora!". O escritor aos hebreus deixou muito claro esse paralelo entre a disciplina de Deus conosco e dos pais para com seus filhos: "Suportem as dificuldades, recebendo-as como disciplina; Deus os trata como filhos. Ora, qual o filho que não é disciplinado por seu pai?".[9]

TUDO COMEÇA COM OS PAIS

O século 21 chegou e trouxe consigo uma nova realidade de vida para nossos filhos. Em época de internet, redes sociais, *tablets* e *smartphones*, da vida em condomínio e do "tudo para ontem", o perfil das crianças mudou. Agora elas são mais incisivas, exigentes e autoritárias. Para enfrentar os aspectos negativos de nossos tempos, só existe um caminho: os pais precisam mudar. Nesse sentido, têm de abandonar o autoritarismo e aprender a ser amáveis e amorosos com os filhos, porque tudo está relacionado com o caráter dos pais. É o ponto de partida.

Infelizmente, muitos homens pensam que um menino, por exemplo, não pode ser dócil, pois isso estaria associado a uma deficiência na virilidade dele. Sabemos que *delicadeza* é um conceito relacionado imediatamente às mulheres, só que, muitas vezes, a sociedade esquece que um homem pode ser um cavalheiro. Atitudes simples, como elogiar a esposa e presenteá-la com flores, são reflexo de uma personalidade amável.

Se o pai compreende isso, a criança verá as atitudes dele e entenderá que é possível um homem demonstrar amabilidade sem que isso afete sua masculinidade. O contrário também é válido — e falo como mãe de dois filhos homens e uma mulher. Quando Luciana, a caçula, nasceu, percebi que ela participava das brincadeiras de meninos com os irmãos: jogava bola, corria e brincava de pega-pega, mas isso em nada interferia em seus momentos "femininos", quando se dedicava, por exemplo, às bonecas e ao fogãozinho. Meus filhos sempre viram o pai priorizar as mulheres, cedendo o assento, puxando a cadeira e abrindo a porta — que são gestos amáveis. E isso foi fundamental, pois são os exemplos que transformam.

Todos temos exemplos de vida que seguimos. São aqueles homens e mulheres que chamamos de "nossos heróis". No meu caso, Jesus é o parâmetro que sigo — pois ele deixou bem claro que veio à terra também para nos servir de exemplo: "Eu lhes dei o exemplo, para que vocês façam como lhes fiz."[10]

Assim como olho para ele e tenho um referencial de como proceder, nossos filhos nos observam para saber como agir. Se os pais tiverem sempre em mente que devem ser éticos e amáveis diante de seus filhos, souberem escolher suas palavras, se posicionarem corretamente em situações de agressividade e tiverem posturas retas diante de situações emocionalmente incômodas, então serão por toda vida um exemplo a ser lembrado e seguido.

REFLEXOS NO CARÁTER DA CRIANÇA
Virtude: amabilidade

- **Afável:** Dizer e fazer as coisas certas no tempo certo, especialmente numa situação difícil.

  O seu falar seja sempre agradável e temperado com sal, para que saibam como responder a cada um.

  Colossenses 4.6

- **Ética:** Buscar agir conforme os conceitos de certo e errado, para ser uma pessoa de padrões morais elevados.

  Portanto, sejam perfeitos como perfeito é o Pai celestial de vocês.

  Mateus 5.48

- **Firme nas convicções:** Saber aquilo em que acredita e defender de modo amoroso seu ponto de vista.

  Como é feliz aquele que não segue o conselho dos ímpios, não imita a conduta dos pecadores, nem se assenta na roda dos zombadores!

  Salmos 1.1

Terna: Demonstrar ternura em suas ações e palavras.

Se por estarmos em Cristo nós temos alguma motivação, alguma exortação de amor, alguma comunhão no Espírito, alguma profunda afeição e compaixão, completem a minha alegria, tendo o mesmo modo de pensar, o mesmo amor, um só espírito e uma só atitude.

Filipenses 2.1-2

Pontual: Aprender a mostrar respeito pelo tempo certo das coisas.

Para tudo há uma ocasião certa; há um tempo certo para cada propósito debaixo do céu.

Eclesiastes 3.1

Dica da Cris:

Estabeleça regras. É uma maneira de ensinar a criança a ser amável.

CAPÍTULO 6

FILHOS BONDOSOS

A BONDADE É UMA DISPOSIÇÃO natural que nos leva a praticar o bem e não o mal. É querer fazer o que é bom espontaneamente. Na Bíblia, o termo original que Paulo usa ao falar sobre o fruto do Espírito é a palavra grega *agathōsunē*, que, além de *bondade*, também pode ser traduzida como *virtude* ou *benevolência*. Todas essas expressões falam sobre ações virtuosas direcionadas ao bem do próximo.

Não é difícil concluir, então, que a bondade pode ser desenvolvida nos filhos quando os pais tomam atitudes que têm como finalidade o bem das outras pessoas. Infelizmente, a natureza do ser humano é egoísta e, em geral, é mais comum as ações serem direcionadas para si mesmo do que para os demais. Para se tornar uma pessoa mais bondosa, então, uma excelente atitude é ter sempre em mente a determinação bíblica: "Ame o seu próximo como a si mesmo".

Esse amor pelo próximo põe as pessoas que nos cercam em um patamar de igualdade que determina, no mínimo, que as atitudes direcionadas ao outro tenham um nível de preocupação igual ao que teríamos conosco. Jesus contou uma história que se tornou muito famosa, a conhecida parábola do bom samaritano.[1] Ela reflete o tipo de postura que devemos ter para com os demais. Essa história fictícia fala sobre um judeu que é assaltado e espancado. Alguns religiosos passam por ele e não o socorrem, mas um samaritano — que, na sociedade da época, nem lhe direcionaria palavra por diferenças religiosas e culturais — se apieda dele, para, trata de seus ferimentos, cuida do moribundo e gasta tempo e recursos financeiros pelo bem-estar do homem. Essa atitude define bem o conceito de *altruísmo.*

Nós podemos aprender a ser bons se compreendermos o altruísmo como meio de transformação de sentimentos e atitudes — o que faz do mundo um lugar melhor.[2] O exercício da bondade não pode selecionar pessoas dignas ou indignas. Devemos ser bons de modo geral e isso precisa ser transmitido a nossos filhos, pela prática da bondade de forma indiscriminada e até abnegada: "Tenham cuidado para que ninguém retribua o mal com o mal, mas sejam sempre bondosos uns para com os outros e para com todos",[3] recomendou Paulo. É interessante notar que essa passagem contrapõe de forma direta bondade a vingança. Em nossos dias, esse conceito precisa estar enraizado em nós, pois a tendência de "pagar na mesma moeda" é muito grande e frequente.

O trânsito é um exemplo clássico. Como podemos esperar que nossos filhos sejam crianças e, depois, se tornem adultos de bom coração se, enquanto estão sentados no banco de trás, veem o pai ou a mãe gritando com quem fez uma ultrapassagem forçada, devolvendo a fechada de outro carro ou falando sobre outros motoristas com palavras ríspidas? Isso é um péssimo exemplo.

A tendência a se vingar no cotidiano é frequente — e muitas vezes nem percebemos, pois se manifesta em eventos rotineiros.

A mãe está no supermercado com sua filha e bate boca com alguém que furou a fila no caixa. O pai ofende torcedores do time adversário que soltaram piadinhas enquanto dá um passeio com o filho vestido com a camisa de sua equipe do coração. E por aí vai. Nunca se pode esquecer que as crianças estão com os olhos e os ouvidos bem abertos nessas horas, absorvendo os maus exemplos como um comportamento natural, aceitável e, até, desejável. Só que não é. A Bíblia dá o parâmetro:

> Não retribuam a ninguém mal por mal. Procurem fazer o que é correto aos olhos de todos. Façam todo o possível para viver em paz com todos. Amados, nunca procurem vingar-se, mas deixem com Deus a ira, pois está escrito: "Minha é a vingança; eu retribuirei", diz o Senhor. Ao contrário: "Se o seu inimigo tiver fome, dê-lhe de comer; se tiver sede, dê-lhe de beber. Fazendo isso, você amontoará brasas vivas sobre a cabeça dele". Não se deixem vencer pelo mal, mas vençam o mal com o bem.
>
> Romanos 12.17-21

Que lindo exemplo de altruísmo e de um coração bom e abnegado! Se todas as pessoas agissem dessa forma, o mundo não seria um lugar melhor? Não devolver mal com mal, fazer o bem a todos: isso é bondade. E é isso o que os pais precisam praticar se desejam que seus filhos tornem-se pessoas boas, virtuosas e benevolentes.

Bondade e generosidade

Uma das formas mais visíveis do exercício da bondade é a generosidade. Porque ser bom implica necessariamente em ser generoso, ou seja, saber doar-se sem esperar nada em troca, acrescentar algo ao próximo. Podemos dizer, assim, que generosidade é a bondade em ação, de forma completamente altruísta. O rei Davi registrou como essa qualidade engrandece o indivíduo. Ele escreveu: "Os ímpios tomam emprestado e não devolvem, mas os justos dão com generosidade".[4]

Cada pessoa vem ao mundo com um nível diferente de generosidade inata. Podemos nascer já com desejos de praticar ações generosas, mas quanto mais cercados estamos de pessoas que se doam, mais seremos influenciados e ensinados a desenvolver essa virtude. E nosso ambiente familiar é o melhor que há para isso. Pais que têm por hábito se dedicar ao voluntariado em alguma obra social, visitar creches ou presentear os mais necessitados em datas como o Dia das Crianças e o Natal com certeza apresentam mais chances de ter filhos que, quando adultos, serão caridosos.

Esse princípio da generosidade, altruísmo e bondade pode ser transmitido, mesmo que a família careça de recursos financeiros. Pois o fato de dividir aquilo que se tem não depende da situação econômica. Uma criança pode ser ensinada desde cedo a, por exemplo, emprestar seus brinquedos para os colegas, doar seu tempo para ajudar um amigo com dificuldades em uma matéria na escola, compartilhar o guarda-chuva com o irmão que esqueceu o seu em casa, dar um pedaço do seu lanche para o menino da classe que perdeu a lancheira. A generosidade independe de ter ou não riquezas ou bens materiais. É possível ser generoso no pouco e, até mesmo, com valores intangíveis — como o tempo. O salmista deixa claro que é possível ser generoso mesmo sem se desfazer de algo: "Feliz é o homem que empresta com generosidade".[5]

Cabe aos pais transmitir desde cedo que o grande ensinamento é: se eu tenho muito, é fácil dividir; se tenho pouco complica, mas ainda assim é possível. O apóstolo Paulo não deixa dúvidas a esse respeito ao comentar sobre os traços de caráter de um grupo de pessoas da Macedônia, que eram pobres financeiramente mas ricos em generosidade:

> No meio da mais severa tribulação, a grande alegria e a extrema pobreza deles transbordaram em rica generosidade. Pois dou testemunho de que eles deram tudo quanto podiam, e até além do que podiam. Por iniciativa própria eles nos suplicaram insistentemente o privilégio de participar da assistência aos santos.
>
> 2Coríntios 8.2-4

Que exemplo! O grande desafio dos pais é ensinar seus filhos a dividir quando se tem apenas o suficiente para suprir as próprias necessidades — porque é aí que entra a bondade. Quando pensamos em ajudar o próximo, parece subentendido que se está falando de dinheiro e as crianças acabam absorvendo essa ideia equivocada. Só que ser generoso vai muito além disso. Temos de ensinar nossos filhos a doar brinquedos e roupas, por exemplo. E isso não significa dar objetos quebrados, estragados ou o que já estava de qualquer modo a caminho do lixo. Se para eles uma bola estourada não serve para jogar, para outra pessoa também não vai servir.

Faça comparações de maneira que a criança entenda o que você está explicando. Se a sua filha quer doar um urso de pelúcia, você pode dizer: "Você brincou tanto com o ursinho, agora outra criança também vai se divertir e dormir com ele". Seu filho precisa aprender que é motivo de alegria permitir que a felicidade gerada pelo fato de dormir com aquele brinquedo agora seja experimentada por outra criança. Os pais têm de entender isso, para poder transmitir o que é caridade. As boas ações devem estar associadas ao amor que desejamos ensinar para a criança.

Temos de viver a generosidade sempre como um prazer e causa de júbilo. Se os pais não conseguem ser generosos no mínimo — ao doar seu tempo para estar com os seus filhos, por exemplo — jamais conseguirão passar adiante essa virtude.

Bondade e misericórdia

A pessoa misericordiosa é aquela que tem, mostra ou sente bondade ou compaixão pelos outros. É difícil transmitir essa virtude para as crianças, pois misericórdia é se pôr no lugar do outro e compartilhar o que o próximo está sentindo, de forma a tomar atitudes amáveis, bondosas e benignas em favor dele. É ter comiseração e piedade. E é um traço de caráter tão importante que mereceu um lugar especial entre as famosas bem-aventuranças de Jesus, que disse: "Bem-aventurados os misericordiosos, pois obterão misericórdia".[6] Essa realidade é reforçada em outras passagens da Bíblia, das quais penso que a mais enfática é aquela em que Tiago escreve "será exercido juízo sem misericórdia sobre quem não foi misericordioso. A misericórdia triunfa sobre o juízo!".[7]

A compaixão pode ser exercida na prática com nossos filhos de forma muito mais frequente do que se imagina. Por exemplo, se o pequeno quer muito um brinquedo e você não tem condições de comprar porque falta dinheiro, em vez de ficar bravo com ele e falar frases como "não vou comprar esse brinquedo", "agora eu não tenho esse dinheiro" ou "pare de me perturbar", melhor é se pôr no lugar dele — que é o princípio da misericórdia. Isso gera respostas que expressam o que o filho pode estar sentindo nessa determinada situação, como "eu sei que você queria muito esse brinquedo, mas hoje o papai não tem como comprar. Eu prometo que, quando puder, se você ainda quiser, vou fazer um esforço para dar a você". Ou, ainda: "Você pode ajudar a juntar dinheiro para comprarmos o brinquedo". Esses pequenos detalhes demonstram para o filho que, mesmo sem dar aquilo que ele quer, você é capaz de entender o que ele está sentindo. Fazer seu filho perceber que você se pôs no lugar dele é uma magnífica demonstração do que pode ser a misericórdia.

É relevante observar que, em algumas cartas que compõem o Novo Testamento, entre tantos traços de caráter possíveis, os escritores escolheram desejar justamente misericórdia sobre a vida de seus destinatários. É o caso de Judas ("Misericórdia, paz e amor lhes sejam multiplicados"),[8] Paulo ("a Timóteo, meu amado filho: Graça, misericórdia e paz da parte de Deus Pai e de Cristo Jesus, nosso Senhor")[9] e João ("A graça, a misericórdia e a paz da parte de Deus Pai e de Jesus Cristo, seu Filho, estarão conosco em verdade e em amor").[10] E não é por menos. A misericórdia é uma das virtudes que mais recebem destaque nas Escrituras, até porque faz parte do caráter divino ("Deus, que é rico em misericórdia, pelo grande amor com que nos amou, deu-nos vida com Cristo, quando ainda estávamos mortos em transgressões — pela graça vocês são salvos.").[11]

Só falar não adianta

Uma instrução será muito mais eficiente se for acompanhada de demonstrações práticas. Claro que tudo começa com orientações passadas verbalmente, que devem sempre vir acompanhadas da explicação de que os adultos conhecem mais da vida não porque são mais inteligentes, mas porque já tiveram experiências, já passaram por situações semelhantes. Só que não se pode parar por aí. Não adianta nada apenas falar o que e como fazer se não se dá o exemplo. Por isso, outro conceito está diretamente associado a bondade e generosidade: o de boas obras. A Bíblia não deixa dúvidas de que palavras sem atitudes não adiantam de nada:

> De que adianta, meus irmãos, alguém dizer que tem fé, se não tem obras? Acaso a fé pode salvá-lo? Se um irmão ou irmã estiver necessitando de roupas e do alimento de cada dia e um de vocês lhe disser: "Vá em paz, aqueça-se e alimente-se até satisfazer-se", sem porém lhe dar nada, de que adianta isso?
>
> Tiago 2.14-16

Esse conceito pode ser ensinado aos filhos desde pequenos, mas você tem de acreditar nele e vivê-lo. Os pais devem estimular as crianças a que sejam generosas, bondosas, a agir com excelência, exercer benevolência e ser polidas e boas, até que seu caráter esteja formado. Isso, aliás, é uma determinação bíblica: "Consideremos uns aos outros para nos incentivarmos ao amor e às boas obras".[12] Todavia, se as boas ações são mencionadas mas não exercidas, de nada adianta falar.

É importante, nesse sentido, estar atento a oportunidades para demonstrações práticas de boas ações. Se você passar por uma pessoa carente na rua, comprar um prato de comida e lhe presentear, seu filho verá de modo explícito a virtude que há em gastar tempo e dinheiro fazendo algo por outra pessoa sem obter nenhum benefício material para si. Assim, pode ser, por exemplo, que ele queira ir ao cinema com os amigos, mas um deles descubra que está sem dinheiro. Ao se lembrar de seu gesto, terá prazer em pagar o ingresso do colega. Pois a sua atitude ficará muito mais marcada na lembrança e no sistema de valores dele do que se simplesmente você tivesse falado sobre como a generosidade é essencial.

Incentive seu filho a exercer boas obras dentro daquilo que está ao alcance dele. Comece com pequenas atitudes. Se souber de um amigo que quebrou uma perna, ofereça-se para levá-lo a uma visita. Se a avó não recebe um telefonema há muitos dias, recomende que ligue para saber como ela está. Enfim, ajude-o a ver maneiras práticas de agir em prol do próximo. São ações simples que, com o tempo e a constância, formam traços de caráter.

A Bíblia tem uma passagem emblemática sobre o assunto. O apóstolo Paulo escreve: "...pratiquem o bem, sejam ricos em boas obras, generosos e prontos a repartir. Dessa forma, [...] acumularão um tesouro para si mesmos, um firme fundamento para a era que há de vir, e assim alcançarão a verdadeira vida".[13] Repare que a orientação acerca da realização de boas obras vem logo depois da admoestação para praticar o bem (bondade) e imediatamente antes do estímulo à generosidade. Esse trecho, portanto, mostra como, dentro da sabedoria bíblica, esses três conceitos estão entrelaçados e são indissociáveis.

Reconhecimento é essencial

Sempre que pensarmos em estimular nossos filhos a ser bons e generosos, precisamos ter em mente que uma excelente ferramenta ao nosso alcance é o reconhecimento. Ao reconhecer o esforço despendido por eles para realizar algo, colaboramos para que não apenas saibam a importância de praticar boas obras, mas que gostem de praticá-las.

É importante não confundir reconhecimento com mérito. Pois nem sempre uma ação ou campanha traz grandes resultados. Mas só a intenção já é extremamente significativa. Logo, precisamos mostrar que iniciativas bem-intencionadas, mesmo que não logrem sucesso, já são dignas de elogios. Nas escolas isso é bem comum, porque a criança nem sempre consegue a nota máxima. Se tira sete numa prova, o esforço que fez para alcançar esse grau é mais importante, nesse caso, do que o resultado final. Os pais devem estar atentos a isso. Precisamos ensinar às crianças que é válido e precioso buscar a excelência em tudo, desde que deixemos claro que será muito difícil alcançar a perfeição.

O reconhecimento precisa ser proporcional à idade de cada criança. Se um casal tem, por exemplo, um filho de 5 e outro de 3 anos, é claro que o mais velho será mais esperto para certas coisas do que o caçula, mas isso não quer dizer que um seja melhor do que o outro — pois a diferença de idade pesa muito nessa fase. É necessário saber das limitações de cada faixa etária, para que cada um seja recompensado de acordo com a sua realidade. Isso ajuda, inclusive, a evitar comparações entre um e outro, o que cria rivalidades entre os irmãos.

Precisamos entender que cada filho tem o seu talento, as suas habilidades. Cabe aos pais — com o auxílio dos professores, se for o caso — identificar e trabalhar as mais fracas e aprimorar as fortes. Muitos casais ensinam os filhos a serem competitivos de forma errada: o fato de você querer que seu menino seja o melhor em algo não significa ensinar a pisar na cabeça de quem está ao lado. É essencial instruir a criança a respeitar o outro no processo de se esforçar ao máximo para dar o seu melhor — mas também ensiná-la a perder com dignidade e saber aceitar suas deficiências. Por isso o reconhecimento pelo esforço é importantíssimo. Se ela não tiver o melhor resultado, ficará feliz com o que obteve, pois receberá de você os elogios por ter se empenhado com afinco.

É muito comum entre as crianças — principalmente irmãos — a competitividade. Na dose certa, é saudável e esse é o grande desafio dos pais: canalizar essa "disputa" de maneira sadia. Pois nossos filhos precisam aprender que, para ser o melhor, não é necessário humilhar o próximo, mentir ou roubar. O fim para se destacar não justifica os meios. E o reconhecimento os ajudará a não entrar na competitividade com garras e presas à mostra, mas com um espírito bondoso.

A Bíblia relata a história de dois irmãos que foram extremamente prejudicados pelo fato de os pais não saberem lidar com a competitividade entre eles. Desde a gestação, os gêmeos Esaú e Jacó já disputavam, se empurrando dentro do ventre da mãe.[14] Quando Esaú nasceu, o irmão estava agarrado ao seu calcanhar. Em seguida, descobrimos que cada um dos pais, Isaque e Rebeca, tinha a terrível postura de dar preferência a um deles: "Isaque preferia Esaú, porque gostava de comer de suas caças; Rebeca preferia Jacó".[15] A disputa acirrada continua pelos anos, a ponto de Jacó armar um jeito de roubar o direito à primogenitura do mais velho. Quando Isaque desce ao seu leito de morte, o caçula, em conluio com a mãe, prepara todo um esquema para ludibriar o pai e ficar com a bênção que caberia a Esaú. O resultado dessa competitividade estimulada pelos pais? "Esaú guardou rancor contra Jacó por causa da bênção que seu pai lhe dera. E disse a si mesmo: 'Os dias de luto pela morte de meu pai estão próximos; então matarei meu irmão Jacó'".[16] Lastimável.

Esse caso é clássico. Pais que não sabem administrar a competitividade entre seus filhos acabam gerando problemas sobre problemas — no caso, até ao ponto de despertar o desejo de fraticídio. Se houvesse reconhecimento pelas qualidades individuais de cada um deles, nada daquilo teria acontecido: Jacó estaria satisfeito de ser como era e ter o que tinha, já Esaú não odiaria o irmão. Se a intenção do coração é "se dar bem" ou mostrar que é melhor do que o outro, então ela não é boa. Logo, falta bondade.

Dicas práticas de estímulo à bondade

Existem algumas dicas que podem ser seguidas no sentido de transmitir para seu filho a relevância do exercício da bondade. A mais importante é lembrar que devemos ensinar os conceitos aos poucos, até que eles tenham maturidade. Não podemos exigir muito de uma criança que ainda seja pequenina.

Importa ainda saber o melhor momento para começar a passar esses ensinamentos. É um consenso dos especialistas que a partir dos 3 anos a criança já começa a ter melhor discernimento dos fatos, a entender mais claramente o que os pais explicam. A partir dessa fase você tem muitas formas de transmitir como começar a praticar a generosidade. Além dos que já citamos neste capítulo, pode-se incentiva a criança a ter um cofre para comprar algo e doar ou mesmo fazer uma doação de suas roupas e seus brinquedos. Outra possibilidade: em vez de ir a uma loja e comprar o presente para a mãe, o pai pode dizer ao filho: "Vamos começar a guardar dinheiro para comprar uma flor para mamãe no aniversário dela?". Há muitas maneiras e muitas estratégias. Você pode usar sua criatividade ou buscar conselhos junto ao psicólogo da escola de seu filho ou algum profissional da área de ensino.

A criança também precisa ser estimulada a valorizar a ideia da unidade — com colegas, irmãos, pais, o próximo em geral. Todos empurrando para o mesmo lado. Se desejamos espalhar pelo mundo a bondade, a generosidade, temos de dar o exemplo de cooperação. Se você faz boas ações em casa, certamente seu filho vai compartilhar com os amigos.

Outra lembrança necessária para cada dia é que barganhar é um caminho confortável e de resultados rápidos, mas com consequências ruins em longo prazo. A criança tem de ser conduzida a entender que o bem só é válido se praticado de maneira desinteressada, caso contrário não é fazer o bem. É esperar um retorno para si própria. Quando se dá um brinquedo de presente não deve-se esperar receber outro. Uma criança jamais deve ser estimulada a dar um brinquedo de que gosta porque ganhará um novo, mas porque a criança que o receberá não tem e ficará feliz. Você até pode dar outro mais novo, mas não em troca. Não é dar um e receber o outro. Isso é algo que deve ser bem trabalhado, porque é extremamente comum pais barganharem recompensas para as crianças. E nunca é demais carregar sempre no coração as palavras de Jesus: "Há maior felicidade em dar do que em receber".[17]

Cabe aqui ressaltar que existe uma diferença entre elogio e reconhecimento e as recompensas que menciono aqui. Elogiar é louvar alguém por alguma coisa, incentivando com expressõs como "Parabéns! Gostei! Legal!". É dar um beijo ou um abraço de alegria e satisfação por algo que foi feito. Já recompensar por uma realização é dar alguma coisa concreta, como brinquedos, para que o filho faça algo — ou depois de fazer algo. Seria uma forma de manipulação, como, por exemplo: "Se você for tomar banho agora, compro aquele carrinho que você queria".

O exemplo dos pais é o cerne do comportamento dos filhos. Você e seu cônjuge precisam praticar a bondade e a generosidade se desejam que as crianças comecem a pôr em prática esses traços de caráter, pois só falar não adianta. Comece pelos pequenos atos no dia a dia, como abrir mão de uma sobremesa por outra pessoa, ceder o lugar no ônibus e outras pequenas atitudes que, somadas, compõem um caráter bem definido.

Mas é possível ir além. Leve seus filhos a orfanatos, visite casas de repouso, eventualmente vá com eles visitar enfermos em hospitais. É fundamental nesse processo levar as crianças para doar algo de si a meninos e meninas carentes, seja uma boa história, seja um prato de comida.

Assim se semeia amor em seus filhos. Sementes que vão frutificar em forma de um caráter louvável e do qual você poderá se orgulhar.

Reflexos no caráter da criança
Virtude: bondade

Virtuosa: Aprender a praticar o bem.

Finalmente, irmãos, tudo o que for verdadeiro, tudo o que for nobre, tudo o que for correto, tudo o que for puro, tudo o que for amável, tudo o que for de boa fama, se houver algo de excelente ou digno de louvor, pensem nessas coisas.

Filipenses 4.8

Misericordiosa: Aprender a ter, mostrar e sentir mais bondade ou compaixão pelos outros.

Sejam misericordiosos, assim como o Pai de vocês é misericordioso.

Lucas 6.36

Cooperadora: Estar disposta a trabalhar ou conviver com os outros, em unidade.

Como é bom e agradável quando os irmãos convivem em união!

Salmos 133.1

Altruísta: Aprender a dar aos outros sem esperar recompensa.

Quanto ao mais, tenham todos o mesmo modo de pensar, sejam compassivos, amem-se fraternalmente, sejam misericordiosos e humildes.

1Pedro 3.8

- **Solícita:** Aprender a ceder seus privilégios.

Também eu procuro agradar a todos, de todas as formas. Porque não estou procurando o meu próprio bem, mas o bem de muitos.

1Coríntios 10.33

- **Generosa:** Aprender a compartilhar.

Sejam ricos em boas obras, generosos e prontos a repartir.

1Timóteo 6.18

- **Disponível:** Dispor de tempo para fazer o que lhe pedem.

Saindo, Jesus viu um homem chamado Mateus, sentado na coletoria, e disse-lhe: "Siga-me". Mateus levantou-se e o seguiu.

Mateus 9.9

- **Perdoadora:** Amar as pessoas e cancelar o histórico de erros delas.

Suportem-se uns aos outros e perdoem as queixas que tiverem uns contra os outros. Perdoem como o Senhor lhes perdoou.

Colossenses 3.13

Dica da Cris:

Bondade se semeia. Pratique boas ações que beneficiem diretamente seus filhos ou outras pessoas, na presença das crianças, enquanto elas ainda são terra virgem. Com o passar dos anos, você e a sociedade colherão frutos de bondade na vida delas.

CAPÍTULO 7

FILHOS FIÉIS

Da mesma forma que há uma certa incompreensão sobre as diferenças entre *amabilidade* e *bondade*, muitas pessoas se confundem no entendimento do significado exato da sétima virtude listada pelo apóstolo Paulo. E isso acontece porque em algumas traduções da Bíblia se lê *fé* e, em outras, *fidelidade*. Aparentemente são conceitos diferentes, por isso cabe aqui uma explicação.

O termo que originalmente o apóstolo Paulo usou, em grego, é *pistis*, uma palavra que significa *convicção moral*. Alguns tradutores compreenderam que se refere a uma convicção em termos de crença (o que justifica o uso do vocábulo *fé*). Mas a expressão também é usada nas Escrituras para designar uma convicção que leva quem a possui a ser fiel a algo que professa ou promete a outras pessoas (o que explica a preferência de quem adotou a tradução *fidelidade*). Seja um termo ou o outro, o que importa é a intenção do escritor ao escrever sua carta original: referir-se a uma convicção tão forte que leva o indivíduo a permanecer fiel a algo ou alguém.

Com isso em mente, temos de refletir sobre o valor da fidelidade. Em um mundo onde tudo é descartável e a constância dos compromissos assumidos com outras pessoas é um princípio geral de conduta perdido, criar filhos fiéis é um trabalho árduo. Os relacionamentos atuais, em grande parte, são baseados no interesse. Isso é nítido quando deparamos com as estatísticas sobre o aumento significativo do número de divórcios. É triste perceber que a fidelidade entre os adultos diminui a cada dia, pois, quando um marido e uma mulher se separam, eles quebram um compromisso selado, uma promessa, um pacto. Como é possível, diante de uma realidade como essa, ensinar uma criança sobre fidelidade no meio de uma família separada? Como um casal ensinaria ao filho ser fiel à palavra dada se pai e mãe não foram?

Naturalmente, nos casos de casais separados, pode haver outra explicação para o divórcio que não seja a infidelidade. Alguém pode estar separado e ser fiel no relacionamento com os amigos, os filhos e outras pessoas. Se houve infidelidade matrimonial, os pais podem conversar com os filhos quando tiverem entendimento para reconhecer o erro e assumir que aprenderam a não ser mais infiéis. Não existe uma resposta padrão para todos os casos. Cada situação merece ser contemplada e avaliada sobre como ensinar os filhos a serem fiéis em qualquer situação, mesmo com pais separados. Sempre há esperança de mudar.

O fundamento da fidelidade se baseia no compromisso com o verdadeiro, conceito que muitas vezes é ensinado de maneira incorreta. Na época em que eu trabalhava como educadora, dentro de sala de aula, sempre procurava mostrar que as crianças deveriam falar a verdade para seus amiguinhos em toda e qualquer ocasião. Dizia que era importante manter seus compromissos de amizade e fidelidade com os colegas e jamais trocar um relacionamento sólido por outro só porque lhe foi oferecido algo melhor. Esse contexto de sinceridade e lealdade era trabalhado no ambiente escolar e muitas vezes se estendia aos pais.

A fidelidade é um traço de caráter tão importante que Jesus, ao apontar as falhas dos fariseus hipócritas de seu tempo, a inclui entre aqueles que seriam os três preceitos mais importantes da lei: "Ai de vocês, mestres da lei e fariseus, hipócritas! Vocês dão o dízimo da hortelã, do endro e do cominho, mas têm negligenciado os preceitos mais importantes da lei: a justiça, a misericórdia e a fidelidade".[1] A palavra no original grego traduzida aqui como *fidelidade* é exatamente a mesma que Paulo usa ao descrever o fruto do Espírito: *pistis*. Isso mostra quanto essa virtude é relevante.

Ser fiel pressupõe ser sincero, pois é impossível afirmar fidelidade a alguém se não existe transparência e correção na comunicação. A falta de sinceridade é tão grave que, contra ela, foi estabelecido um dos dez mandamentos: "Não darás falso testemunho contra o teu próximo".[2] Falar a verdade é uma prática diretamente ligada à confiabilidade e, se a confiança é quebrada, o relacionamento fica seriamente abalado.

Uma história bíblica exemplifica muito bem essa realidade. Depois de sair do Egito, no conhecido episódio da travessia do mar Vermelho, a nação de Israel segue pelo deserto até a localidade de Cades, onde havia escassez de água. Sedento, o povo começa a reclamar. O líder deles, Moisés, e seu irmão, Arão, clamam a Deus, que lhes diz para falarem a uma rocha, pois dela brotaria um manancial. Moisés faz conforme ordenado, mas, por falta de confiança, vai além de apenas falar: ele acerta o rochedo com uma vara duas vezes. A água flui, mas a sua atitude de desconfiar das palavras do Senhor e proceder em desacordo com o que lhe havia sido ordenado custa aos dois irmãos sua entrada na terra prometida: "O Senhor, porém, disse a Moisés e a Arão: 'Como vocês não confiaram em mim para honrar minha santidade à vista dos israelitas, vocês não conduzirão esta comunidade para a terra que lhes dou'".[3]

Essa história mostra como a fidelidade tem relação direta com a confiança. Portanto, em uma família onde não há fidelidade também não existe verdade — e os laços de credibilidade entre seus integrantes tornam-se seriamente abalados. E, sem confiança, a estabilidade fica comprometida.

Como desenvolver a fidelidade

Não existe uma regra clara e rígida sobre como ensinar um filho a ser fiel. Mas algumas atitudes podem e devem ser tomadas. O primeiro passo é estabelecer um relacionamento de compromisso com a criança. No trato cotidiano, o pai e a mãe devem sempre verbalizar que o filho pode confiar neles, por meio de mensagens como "Nunca vamos mentir para você" ou "Pode acreditar em nós, queremos sempre o seu bem porque amamos você". Sempre que houver oportunidade para transmitir esse tipo de segurança deve-se aproveitá-la.

Naturalmente, essas promessas precisam ser cumpridas na prática. Pois, se você e seu cônjuge fizerem afirmações do gênero, mas não procederem conforme disseram, o que seu filho enxergará é falta de sinceridade, o que o fará perder a confiança nos pais. E, em vez de reforçar, essa atitude vai prejudicar os laços de fidelidade entre vocês. Portanto, se prometeu, cumpra.

A vida diária está repleta de exemplos de momentos em que a fidelidade será testada — a nossa e a dos outros para conosco. É importante que, como pais, gastemos tempo para refletir sobre as pequenas coisas, de forma a transmitir às crianças o valor da palavra compromissada. Já parou para pensar em quantas relações você é afetado, direta ou indiretamente, pela falta de fidelidade, honestidade, sinceridade e veracidade das pessoas?

A falta de compromisso afeta nossa rotina e é importante pontuar isso constantemente para as crianças. Um exemplo pessoal: depois de algumas semanas de férias, voltei para a casa com o propósito de resgatar velhos hábitos. Decidi fazer uma dieta, retornar às aulas de pilates e às sessões de drenagem linfática. A primeira atitude que tomei quando cheguei foi agendar uma hora com minha massagista. Ela atende em minha casa e me programei para recebê-la no dia marcado. Faltando uma hora para chegar, recebi um torpedo no celular que dizia apenas "Não poderei te atender hoje, amanhã eu te ligo." Ela não só descumpriu seu compromisso comigo, mas também não me ligou no dia seguinte. Não era algo muito importante e muito menos fundamental, mas fiquei bem chateada, porque todo meu planejamento do dia foi frustrado em função dessa quebra de fidelidade ao compromisso.

Imagino que minha massagista deve ter tido algum problema. O que me chateou não foi tanto ela ter sofrido um impedimento, isso acontece com todos nós, mas, acima de tudo, não ter cumprido com a palavra dada de me telefonar. Se um exemplo como esse acontecer com você, é uma excelente ocasião para mostrar a seu filho os problemas gerados pelo descumprimento de um pacto de fidelidade — formal ou informal. Pode-se mostrar quanto isso prejudicou seu planejamento e explicar que isso abala a confiança na palavra da pessoa. Naturalmente, a lição deve vir acompanhada de uma aplicação para a vida da criança, do tipo "Está vendo, por isso é importante você sempre fazer o que diz e nunca faltar com a sinceridade".

Como pai, algo que joga a seu favor é que os filhos têm a tendência natural de confiar em você. Faça um teste: peça para seu pequeno subir em um muro e se jogar em seus braços. Ele se lançará no vazio, porque confia plenamente que você vai segurá-lo. Se um dia, porém, acontece algo e você se distrai, ele cai no chão e a confiança é perdida. Isso não necessariamente é uma perda para a vida toda. A partir daí é preciso restaurar o processo de confiabilidade, por meio de um vínculo profundo de compromisso. Assim, da próxima vez que ele saltar do muro, mesmo que duvide que o pai vá segurá-lo, ele tentará novamente.

Pais não são super-heróis e vão errar sempre. É importante que a criança entenda que sempre haverá falhas. Esse é o momento em que, como pais, devemos reconhecer nossos erros e lançar mão de uma eficiente ferramenta na restauração da confiança e da fidelidade perdidas: o pedido de perdão. Desculpar-se é uma atitude nobre, representa descer do pedestal e deixar de lado a postura de que todos os pais e mães são perfeitos, que sabem tudo. Reconhecer suas falhas incentiva seu filho a fazer o mesmo e estreita o elo de confiança.

Um diálogo honesto, verdadeiro e baseado no reconhecimento do erro estabelece um relacionamento de fidelidade e compromisso. Admitir um erro no diálogo com a criança fortalece as sementes de sinceridade, honestidade e confiança, revigora o vínculo estabelecido entre pais e filhos e os aproxima.

Quando eu era adolescente, forjei minha idade em um documento, para assistir a um filme no cinema. Eu poderia ter sido honesta, mas não fui. A honestidade sempre fez parte dos meus princípios, desde a minha infância, pois aprendi com meus pais que deveria ser sincera em todos os meus atos. Voltei para casa arrependida. Chamei-os, contei a verdade, chorei e pedi perdão. Isso só aconteceu porque havia um pacto tácito de confiança entre nós desde pequena. Em vez de ser disciplinada, minha atitude fortaleceu o nosso relacionamento.

O relato bíblico mostra o perdão como uma decisão essencial na vida das pessoas. Jesus ratifica essa atitude em diferentes ocasiões, como quando o apóstolo Pedro lhe pergunta quantas vezes deveria perdoar alguém que fizesse algo contra ele. A resposta de Cristo o surpreende: "'Eu lhe digo: Não até sete, mas até setenta vezes sete'".[4] Isso é exemplo para nós, e devemos fazer o mesmo para nossos filhos. Pois o perdão fortalece a fidelidade.

Questionamentos não representam infidelidade

Fidelidade é um princípio que deve ser ensinado desde o primeiro estágio de vida. Até os 7 anos, as crianças são modeladas pelos pais e crescem interiorizando o que aprenderam durante esse período. Entre os 7 e os 12 anos, elas se veem inseridas na sociedade e começam a questionar os conceitos ensinados durante toda a sua vida. Geralmente os pais entendem esse comportamento como rebeldia, mas na verdade tudo isso faz parte da formação de caráter. Os questionamentos e até mesmo os atritos devem ser permitidos nesta fase, porque é a partir deles que nossos filhos vão firmar os princípios que regerão a sua vida adulta.

Quando seu adolescente questiona algum dos seus ensinamentos, ele não está sendo infiel àquilo que você ensinou durante toda a sua vida. É apenas um processo de afirmação natural, em que compara tudo o que aprendeu com aquilo que está vivenciando a partir de sua inserção na sociedade. Esse período de muito questionamento gera conflitos sadios. Pais maduros estão preparados para lidar com essa fase e conseguem argumentar com aquilo que os filhos dizem sem a necessidade de brigar, insultar ou, até mesmo, frustrar ninguém.

Não se trata de uma expressão de rebeldia; a argumentação tem de ser permitida, porque é a partir dela que o adolescente firma seus conceitos para o resto da vida. Esse processo não significa quebra de lealdade, é apenas fruto de um estágio do desenvolvimento em que o jovem tira conclusões por si mesmo, a partir da vivência de situações fora de casa, e as compara àquilo que lhe foi ensinado até então. Como fidelidade é um traço de caráter, trata-se de um valor que deve ser inculcado desde a infância no seu filho, para que, na época da adolescência, as argumentações possam ser tratadas por meio de diálogos, sem atritos ou afastamento.

Uma amiga bem próxima teve de enfrentar uma situação inesperada de questionamento. Seu filho, de 12 anos, foi convidado pelos amigos para ir a uma festinha. Como mãe, sua primeira reação foi ficar horrorizada, porque, para ela, seu filho era apenas uma criança. Ainda assustada, ela me ligou para perguntar se deveria deixar ou não. É natural que a criança comece a se interessar por sair com amigos, por isso recomendei a minha amiga que o chamasse para uma conversa franca, deixando claro que, mesmo que tivesse seus receios, confiava nele a ponto de deixá-lo decidir se deveria ir ou não.

Para aquela mãe, essa atitude foi um grande desafio e tive de trabalhar bastante com ela o fato de que, em algum momento, é necessário abrir mão da nossa vontade e deixar que a criança decida o que é melhor. O menino optou por acompanhar os amigos e, antes de sair, pediu que a mãe orasse por ele e seus companheiros. Isso demonstra que confia na mãe tanto quanto ela confia no filho e esse vínculo de fidelidade, estabelecido desde a infância, é fortalecido.

Um conceito bíblico é muito importante nesse momento da vida de nossos adolescentes, quando começam a ter o anseio natural por maior liberdade: "Vivam como pessoas livres, mas não usem a liberdade como desculpa para fazer o mal".[5] Assim, o texto afirma que temos o direito de ser livres, só que ele cessa no momento em que fazemos algo de má índole. Desde a infância devemos educar nossos filhos para compreender isso. Até mesmo a definição da palavra sustenta essa determinação bíblica, uma vez que *liberdade* significa exatamente "direito de proceder conforme nos pareça, contanto que esse direito não vá contra o direito de outrem".[6] Então a ideia de que ser livre é poder fazer o que se deseja, sem ter de dar satisfações a ninguém, é um equívoco do ponto de vista da Bíblia e também do léxico.

O PESO DA AMIZADE

O drama de minha amiga não foi algo isolado: acontece com milhares e milhares de casais, que veem seu filhinho obediente de repente começar a querer mais a companhia dos colegas do que a dos pais e a dar mais ouvidos aos companheiros do que à família. É praticamente certo que, em algum ponto do desenvolvimento de nossas crianças, isso vai acontecer. É uma hora em que a fidelidade que alimentamos desde cedo vai ter de ser mais forte do que, por exemplo, a necessidade do adolescente de fazer parte de um grupo — pois, se nossos filhos se tornam mais fiéis aos companheiros do que a nós, certamente teremos problemas pela frente.

Mas se o vínculo estiver forte quando esse momento chega, nossos filhos sempre levarão nossos conselhos e recomendações em conta. Até mesmo sua reação às proibições será mais tranquila e compreensiva, pois saberão que nenhum limite imposto pela família tem motivações negativas, mas é fruto de preocupação e zelo. Por isso, o filho fiel é aquele que segue as palavras de Paulo: "Filhos, obedeçam a seus pais em tudo".[7]

Se houver atritos devido à influência de colegas, é preciso mostrar que uma amizade verdadeira e leal é aquela que respeita os pais dos amigos e os valores deles. Nossos filhos precisam entender que, se um companheiro os incentiva a mentir para a família, desobedecer aos pais ou qualquer comportamento nessa linha, na realidade esta é uma falsa amizade — pois um amigo de fato jamais levaria alguém a desobedecer ao quinto mandamento: "Honra teu pai e tua mãe".[8]

Ter um amigo em quem você confie e com quem sempre possa contar faz toda a diferença em sua vida — e, consequentemente, na vida de seus filhos. Você é e sempre será um espelho de conduta para eles, por isso a escolha de seus amigos mais próximos vai falar alto acerca do tipo de pessoa que se deve ter por perto. Se você anda com gente de conduta questionável, como poderá exigir que as crianças cortem esse ou aquele relacionamento que não considera apropriado? Novamente é importante lembrar que, antes de querer criar filhos fiéis, é necessário que você dê o exemplo pessoal de honestidade, confiança e compromisso.

A internet transformou a maneira de nos relacionarmos. As redes sociais promovem contatos superficiais e vazios. Você pode ter milhares de "amigos" no Facebook sem ter intimidade com nenhum, pois não existe vínculo entre vocês. A *web* também oferece outro problema nessa área: a facilidade com que pessoas de moral dúbia e mal-intencionadas invadem seu lar sem a sua permissão — e influenciam seus filhos. Pedófilos, rapazes em busca de meninas apenas com intenções sexuais e outros tipos de más influências podem facilmente quebrar a barreira do seu controle e entrar na vida das crianças e dos adolescentes. Nessa hora, quando a ameaça chega *on-line*, é o compromisso tácito de fidelidade entre seu filho e você e seu cônjuge que o preservará. Pois, tendo valores bem definidos e um canal aberto para total sinceridade, sua filha não marcará encontros escondidos e seu filho não praticará atos ilícitos pelas suas costas.

Fidelidade é um valor inegociável para quem o possui. A família precisa resgatar os princípios da fidelidade, com sinceridade e confiança. O mundo está perigoso e traiçoeiro e, num cenário como esse, pais e filhos precisam viver com total honestidade e transparência uns com os outros. Essa meta ideal só se pode alcançar mediante um relacionamento de instrução e exemplo, pois um filho fiel é aquele que tem pais fiéis — em palavra e atitude.

Reflexos no caráter da criança
Virtude: fidelidade

- **Verdadeira:** Aprender a sempre dizer a verdade, para ganhar confiança.

  Cada um de vocês deve abandonar a mentira e falar a verdade ao seu próximo.

  Efésios 4.25

- **Fiel:** Ser fiel pela promessa, pelo amor ou pela honra.

  O que se requer destes encarregados é que sejam fiéis.

  1Coríntios 4.2

- **Justa:** Fazer aos outros o que deseja que façam com ela.

  Em tudo, façam aos outros o que vocês querem que eles lhes façam.

  Mateus 7.12

- **Leal:** Estar junto àqueles que precisam dela em tempos de dificuldades.

  Ninguém tem maior amor do que aquele que dá a sua vida pelos seus amigos.

  João 15.13

Honesta: Aprender a ser boa e a fazer o que é próprio.

Estamos tendo o cuidado de fazer o que é correto, não apenas aos olhos do Senhor, mas também aos olhos dos homens.

2Coríntios 8.21

Dica da Cris:

Incentivar relacionamentos profundos de amizade também reforça o princípio de fidelidade. A amizade desperta a lealdade. Ensine as crianças a lembrar de seus amigos de maneira desinteressada. Temos tendência de pensar neles somente quando precisamos de algo, o que é muito ruim.

CAPÍTULO 8

FILHOS MANSOS

Mansidão é uma qualidade essencial para os bons relacionamentos entre membros de uma mesma família. No entanto, é dos traços de caráter que mais faltam em muitos núcleos familiares. A correria do dia a dia, o estresse da cidade grande, as muitas obrigações do casal, a chateação por conta de birras dos filhos... muitas são as razões que levam pai e mãe a reagir com irritação, agressividade, gritos, um nível elevadíssimo de energia. Não se engane: pais que têm um comportamento irritadiço, que reagem de forma explosiva a situações — de atrasos para a escola a tapas e mordidas que os filhos lhes venham a dar — mostram para as crianças que é aceitável agir sem nenhuma brandura.

Por definição, *mansidão* é, exatamente, quietação, docilidade, submisão, humildade de espírito. Quando olhamos para Cristo, vemos que ele é o maior dos exemplos dessa qualidade, pois fornece um padrão excelente, a referência de como devemos proceder. O profeta Isaías escreveu em seu livro, no Antigo Testamento, uma profecia sobre como seria o caráter de Jesus: "Ele foi oprimido e afligido; e, contudo, não abriu a sua boca; como um cordeiro foi levado para o matadouro, e como uma ovelha que diante de seus tosquiadores fica calada, ele não abriu a sua boca".[1] Essa profecia cumpriu-se cabalmente no momento da paixão de Cristo, quando foi ofendido, esbofeteado, cuspido, açoitado, agredido e humilhado. Sua reação? Permanecer quieto e brando.

Que exemplo extraordinário de mansidão! Se tivermos esse comportamento gravado em nossa mente e em nosso coração, sempre que surgir ocasião de reagir com irritação ou até fúria, vamos, em vez disso, ter uma postura de autêntica docilidade. Essa humildade de espírito muitas vezes é mal interpretada. Mansidão tem a ver com tranquilidade, serenidade. Filhos que têm esse traço de caráter estarão dispostos a aprender, servir e se deixar guiar.

Muitos pais vêm até mim tristes, afirmando que se sentem distantes de seus filhos. Chegam e me perguntam o que podem fazer para se aproximar mais. Entre outras atitudes, um casal pode estreitar o relacionamento com os filhos ao se portar de maneira branda. Simples, não? Mas eficiente. A probabilidade de um pai manso, sóbrio conseguir desfrutar da intimidade do filho é muito maior do que se for belicoso, áspero, confrontador. Nesses casos, a tendência das crianças e, em especial, dos adolescentes, é se fechar. Um pai ou uma mãe arrogante, autoritário, soberbo, que se considera o máximo do máximo, está empurrando os filhos para longe. Se acha que vai conseguir respeito pelo grito, não poderia estar mais longe da verdade.

É importante sempre termos em mente que a mansidão é mais um traço de caráter que se transmite no relacionamento entre pais e filhos. A brandura na maneira de o pai e a mãe se expressarem é uma maneira de as crianças perceberem que existe um diálogo aberto dentro de casa.

Mansidão não é permissividade

Um dos grandes erros que vejo quando analiso as famílias atuais é que, em muitos lares, é a criança quem manda na casa, enquanto os pais recuam. Nos ambientes onde isso acontece, vemos que há uma grande confusão de conceitos e, logo, de posturas. O casal confunde mansidão com permissividade. Não é preciso ceder ou anular-se para ser manso, muito pelo contrário. Acabamos de ver como Jesus foi um grande exemplo de pessoa mansa, no entanto, ele mesmo afirma: "Foi-me dada toda a autoridade nos céus e na terra".[2] Ou seja, não é preciso abrir mão da autoridade para demonstrar um caráter dócil. São traços de caráter que podem perfeitamente coexistir.

Muitas vezes a confusão entre mansidão e permissividade ocorre como consequência de os pais não ficarem muito tempo com a criança. Nessa situação, ou as pessoas que tomam conta dela enquanto o casal está fora não sabem trabalhar esse conceito ou a mãe e o pai tentam compensar a ausência com um excesso de permissividade. Só que o caminho não é esse. Quem age dessa forma está prejudicando os filhos, que podem crescer mimados, desobedientes e com conflitos com figuras de autoridade que se estenderão por toda a sua vida. Então, se as crianças começam a se tornar os "alfas" dentro da família, é preciso uma postura firme para corrigir isso o quanto antes.

É possível ensinar a criança a respeitar a autoridade dos pais de modo manso, servindo o próximo e compreendendo que isso faz parte de uma missão de vida maior. É importante que ela entenda que precisa do outro. Um grande problema é quando os pais não delegam pequenas missões aos filhos, o que os leva ou a se anular ou a querer tomar as rédeas à força. Acredite: as crianças gostam de se sentir úteis e isso deve ser estimulado e aproveitado.

Para não entrar em conflito com os filhos, o casal acaba se tornando permissivo, soltando totalmente as amarras, o que leva a criança a fazer o que bem entender. Na cabeça dela, isso é como adquirir um superpoder, como desenvolver a certeza de que pode tudo, de que é ela quem manda. É o famoso "eu quero e *pra* já!" Com isso, a criança fica mimada, não aceita acatar ordens, recusa determinações, entra em conflito com autoridades, reage com agressividade quando contrariada. Em suma, torna-se o "reizinho" do pedaço — e ai de quem ousar desafiar as vontades e as normas que ele estabeleceu para seu pequeno reino particular.

Humildade é o alicerce da mansidão

É importante ensinar para a criança o que significa a relação de autoridade. Jesus novamente serve como exemplo, pois, apesar de todo o seu poder e de toda a sua influência, ele era extremamente humilde e ensinou sobre a brandura dos relacionamentos: "Tomem sobre vocês o meu jugo e aprendam de mim, pois sou manso e humilde de coração",[3] afirmou. Como pais, não devemos mostrar nossa autoridade com gritos e insultos, mas com mansidão. O relacionamento entre pai e filho deve ter delicadeza no falar e postura no agir. E só vai conseguir isso quem tiver humildade como traço de caráter.

Aprendemos muito sobre humildade ao lidar com o nosso próximo. Quando nos aproximamos das pessoas, descobrimos como ser delicados, dóceis, amorosos. Pois, em geral, o ser humano tende a ser desconfiado e a reagir com uma certa impetuosidade diante do confronto de qualquer tipo. Portanto, o relacionamento interpessoal é um excelente laboratório para o exercício da mansidão, da humildade.

Cada criança é um ser único. Cada uma delas possui talentos e habilidades e os pais precisam não somente reconhecê-los, mas também ressaltá-los. Reconhecer as qualidades dos outros em vez de ficar apenas destacando o que há de bom em si mesmo é uma grande demonstração de humildade. Valorize as virtudes de seu filho nas pequenas coisas. Por exemplo, ensine a ele como tomar banho sozinho e depois elogie o fato de já estar lidando com essa tarefa de modo tão independente. Trabalhar a autoestima da criança é importante para transformá-la numa cidadã humilde e com caráter.

Os pequenos devem crescer sabendo que não são autossuficientes. Esse é mais um exercício de humildade: elabore uma rotina diária dentro de casa de modo que cada um colabore com algo e se submeta a uma ordem, uma organização. Pequenas missões fazem que as crianças entendam que são parte de algo maior — poder colaborar com a família ao assumir uma postura servil.

À medida que elas entendem que não podem fazer tudo sozinhas, estão reconhecendo que precisam do outro. E isso remove delas a soberba, faz que vejam que também dependem dos demais e, assim, "descem do salto alto" e passam a agir com muito mais mansidão. Gosto muito do trecho da Bíblia em que Paulo descreve o relacionamento entre as diferentes pessoas da família de fé, como partes distintas de um mesmo corpo e que trabalham interligadas:

> O corpo não é feito de um só membro, mas de muitos. Se o pé disser: "Porque não sou mão, não pertenço ao corpo", nem por isso deixa de fazer parte do corpo. E se o ouvido disser: "Porque não sou olho, não pertenço ao corpo", nem por isso deixa de fazer parte do corpo. Se todo o corpo fosse olho, onde estaria a audição? Se todo o corpo fosse ouvido, onde estaria o olfato? De fato, Deus dispôs cada um dos membros no corpo, segundo a sua vontade. Se todos fossem um só membro, onde estaria o corpo? Assim, há muitos membros, mas um só corpo.
>
> 1Coríntios 12.14-20

Cada parte cumpre sua missão. Mesmo aquelas que não enxergamos ou que parecem ser inúteis têm alguma função importante. Se você levar essa ideia para a realidade da criança, demonstrando que ninguém é melhor do que o outro, isso abrirá seus horizontes e ela passará a enxergar a realidade sem o filtro da autossuficiência e da arrogância. Basta mostrar que cada um precisa ter a humildade de saber desenvolver a sua função com excelência.

A Bíblia não é a única fonte de histórias que ajudam a construir traços de caráter excelentes numa criança. Contos e outros relatos bem selecionados são uma excelente estratégia para alcançá-las. Uma ficção com fundo de verdade muito emblemática quando falamos sobre humildade é a fábula de Esopo *A lebre e a tartaruga*:

> Há muitos e muitos anos, no reino da bicharada, vinha uma lebre correndo pelo campo em disparada.

— Eu corro para lá, eu corro para cá, eu corro para lá, eu corro para cá! Ninguém na floresta pode me vencer, pois igual a mim ninguém pode correr!

No entanto, nesse momento, andando bem sossegada, surgiu dona tartaruga, caminhando pela estrada.

— Tralalá lá lá lá lá, lá vou eu, devagarinho, carregando a minha casa, pelas curvas do caminho!

Mas a lebre era matreira, zombava da tartaruga, cantando dessa maneira:

— Lá vem dona tartaruga, vem andando sossegada, vou sair da frente dela para não ser atropelada!

Mas dona tartaruga não gostou da cantoria, pôs a cabeça de fora e berrou com valentia:

— Ora, deixe de ser prosa! Aposto a minha vida como hei de vencê-la numa corrida!

— Aceito o desafio. Amanhã, bem cedinho, prometo vir encontrá-la, na curva do caminho.

E saiu em disparada, para avisar a bicharada. E, assim, na manhã seguinte, bem cedo ao nascer do dia, lá estavam todos os bichos, a torcer com alegria!

O tigre, de guarda-chuva; o macaco, de cartola; a cobra, de saia e blusa; e o sapo, de camisola. E, em meio ao entusiasmo e à alegria geral, rompeu a famosa banda do maestro pica-pau!

E a bicharada gritava, numa incontida alegria, quando o macaco apitou, dando início à correria.

A lebre saiu correndo, em tamanha disparada, e, ao fim de poucos instantes, sumiu na curva da estrada.

Entretanto, a tartaruga andava tão devagar que os bichos, em zombaria, começaram a cantar:

— Lá vem dona tartaruga, vem andando sossegada, vou sair da frente dela para não ser atropelada! E a lebre, onde andará? Ela, que tanto correu, já devia estar de volta! Que foi que lhe aconteceu!

— Poxa, como estou cansada, por que fui correr assim? A tartaruga, a essa hora, deve estar longe de mim. Sabem que mais? Vou dormir enquanto espero por ela. Depois correr um pouco e passar à frente dela.

E a lebre adormeceu, tranquilamente a sonhar. Enquanto isso, a tartaruga foi passando devagar. Todavia, horas mais tarde, a pobre lebre acordou e, vendo a noite cair, apavorada ficou!

— Céus, já está anoitecendo, preciso sair correndo.

E, sem pensar em outra coisa, foi saindo em disparada, quando ouviu soar ao longe, o canto da bicharada!

— Salve a dona tartaruga, tartaruga destemida, deixou a lebre para trás e venceu a corrida!

Dona lebre só vivia a correr o dia inteiro, porém, dona tartaruga, andando, chegou primeiro!

E a lebre, desapontada, afinal compreendeu esta bonita lição que a tartaruga lhe deu: não desdenhemos os fracos e, às vezes é bom pensar: "Nem sempre quem muito corre é o primeiro a chegar".

Essa simples história, de grande apelo para as crianças, pode ser usada para analisar o caráter da lebre. Sentindo-se toda-poderosa, ela se sentou para descansar, enquanto a tartaruga se esforçava. Ela demonstrou soberba, falta de humildade, prepotência, carência de mansidão.

É importante que, enquanto você conta a fábula para seu filho, dialogue com ele. Deve levantar questionamentos sobre o comportamento de cada personagem, para ver se ele entendeu a mensagem que o autor quis passar. Além disso, também pode fazer uso de histórias bíblicas, que ajudam bastante a ilustrar situações de humildade, mansidão e generosidade. Um relato muito esclarecedor a esse respeito é a famosa história de Sansão.

O homem tinha uma força descomunal, sobre-humana, e sempre derrotava seus inimigos. Ninguém podia com ele. Só que essa aparente invencibilidade fez nascer em seu coração a soberba e a prepotência. Ele deixou a mansidão de lado. Como a lebre da fábula de Esopo, Sansão desprezava os demais e se via como alguém imbatível. Ele tanto acreditou nisso que essa falta de humildade foi sua ruína. As crianças também adoram essa história, porque Sansão é como um super-herói que, de repente, se vê como o Super-homem diante de kriptonita. Diz o texto:

> Ele se apaixonou por uma mulher do vale de Soreque, chamada Dalila. Os líderes dos filisteus foram dizer a ela: "Veja se você consegue induzi-lo a mostrar-lhe o segredo da sua grande força e como poderemos dominá-lo, para que o amarremos e o subjuguemos. Cada um de nós dará a você treze quilos de prata". Disse, pois, Dalila a Sansão: "Conte-me, por favor, de onde vem a sua grande força e como você pode ser amarrado e subjugado". [...] Por isso ele lhe contou o segredo: "Jamais se passou navalha em minha cabeça". [...] Os líderes dos filisteus voltaram a ela levando a prata. Fazendo-o dormir no seu colo, ela chamou

> um homem para cortar as sete tranças do cabelo dele, e assim começou a subjugá-lo. E a sua força o deixou. [...] Os filisteus o prenderam, furaram os seus olhos e o levaram para Gaza. Prenderam-no com algemas de bronze, e o puseram a girar um moinho na prisão.
>
> Juízes 16.4-6; 17-19,21

É uma história que impressiona. E que dá a você a grande oportunidade de dialogar com os pequenos sobre os erros de Sansão.

Mansidão em um mundo nada manso

O mundo atual vive em ritmo frenético. Tudo parece acontecer rapidamente e de maneira brusca. Trabalhar a calma e a brandura em meio a um ambiente tão caótico é um desafio. É necessário "desligar da tomada" e desconectar nossos filhos desse caos em que estamos inseridos. Parar. Recompor.

Já faz um tempo que a sociedade ocidental — e a brasileira, por conseguinte — está estruturada de maneira diferente de antigamente. Em tempos passados, as casas eram amplas, tinham jardim e todos podiam usar a rua para suas brincadeiras. Mas, especialmente nas grandes cidades, o que vivenciamos em nossos dias é exatamente o oposto.

Um dos grandes problemas das crianças hoje é que, em virtude do ritmo estressante e dos diminutos espaços em que vivem, acumulam muita energia. E energia precisa ser gasta de alguma maneira. Se não conseguem extravasar, acabam funcionando como "bombas-relógio". E, ao explodir, mau humor, irritação, respostas grosseiras, desrespeito, gritos, tapas e mordidas não são formas incomuns de reação. Assim, os tempos modernos e a realidade do século 21 são convites à falta de mansidão. Os pais precisam estar atentos a isso.

Existem maneiras relativamente fáceis de ajudar as crianças a pôr para fora essa energia acumulada. São essenciais passeios na praia e em parques, pedaladas em ciclovias, jogos esportivos ou outras atividades que removam nossos filhos das quatro paredes dos apartamentos ou das suas casas pequenas e os levem ao ar livre, os façam se mexer e produzir endorfinas. Então mexa-se! Se você nota que suas crianças estão demonstrando falta de mansidão por excesso de energia acumulada, como resultado de sedentarismo e ambientes limitados, dê o exemplo: saia, vá passear, tome a iniciativa.

Um amigo me contou que na escolinha de inglês de sua filha os professores deixavam o som sempre alto demais. Alguém questionou esse fato e a professora apenas respondeu:

— O som fica alto de propósito. É uma maneira de as crianças projetarem sua voz e imaginarem o que o áudio está falando.

Confesso que não gostei nada do posicionamento escolhido pela escola. Onde trabalhei fizemos exatamente o contrário. As crianças tinham pequenos compartimentos e, individualmente, exerciam suas atividades. O objetivo era que se concentrassem em suas tarefas sem distrações. Para ajudá-las, nós botávamos uma música suave, em um volume bem baixo, para que pudessem ficar calmas. Era bárbaro! As crianças paravam de falar umas com as outras, prestavam atenção na música calma e se concentravam melhor nas tarefas.

Os pais precisam oferecer aos filhos atividades que não estejam inseridas no ritmo do século 21. Quando meus netos chegam em casa, correm por todo o apartamento, dão cambalhotas no sofá e tropeçam na mesa de centro da sala. Eu acabo tendo de descer até a área de lazer do prédio para que possam brincar sem se machucar.

Pequenas atitudes

Em uma casa onde os vínculos são intensos e profundos, o amor flui naturalmente e a mansidão e a brandura entre os familiares é algo natural e evidente. Mas ainda existem pequenas atitudes que podem reforçar essa realidade ideal. Um ritual simples e significativo, que tem origem bíblica, é o do lava-pés, instituído quando Jesus derramou água numa bacia e começou a lavar os pés dos seus discípulos, enxugando-os com a toalha que estava em sua cintura. Ao final, Cristo explicou a razão de ter feito aquilo: "Vocês entendem o que lhes fiz? Vocês me chamam 'Mestre' e 'Senhor', e com razão, pois eu o sou. Pois bem, se eu, sendo Senhor e Mestre de vocês, lavei-lhes os pés, vocês também devem lavar os pés uns dos outros".[4]

Essa atitude demonstra profunda postura de humildade, necessária a um ambiente que depende da mansidão de seus membros para que a vida flua em harmonia. Você não precisa lavar literalmente os pés de seus filhos, mas fazê-lo de forma metafórica, em pequenos gestos que ensinem a importância da humildade nos relacionamentos. É enorme o peso de ser humilde para pedir perdão, saber agradecer, elogiar e realizar outras ações pequenas mas que nos tornam gigantes. É nessas pequenas atitudes que os pais exercem, mais do que em qualquer outra instância, influência positiva na vida dos filhos.

Um exemplo simples, prático e com qual todo pai e mãe vão se deparar ao longo da vida é a decisão de como repreender seu filho quando o flagra desobedecendo ou quando toma conhecimento de algo errado que ele fez. A tendência imediata é dar aquela bronca rigorosa, com gritos e cara feia.

Mas calma. Seja manso. Lembre-se de que, nesses momentos, estará sendo avaliado por sua criança, que tenderá a reproduzir o que você fizer. Que postura é preciso adotar nessas ocasiões? Uma postura firme, mas, sempre, mansa. O apóstolo Paulo é didático ao falar sobre isso: "Irmãos, se alguém for surpreendido em algum pecado, vocês, que são espirituais, deverão restaurá-lo com mansidão".[5]

Mansidão é uma virtude diretamente ligada à humildade de espírito. Precisamos, como pais, agir em toda circunstância de forma mansa, sem perder a firmeza. Ser incisivo em sua correção não tem absolutamente nada a ver com ser agressivo, briguento e iracundo. É exercer sua autoridade com mansidão. Jesus mostrou que isso era possível.

Portanto, no seu agir cotidiano, quando estiver sendo observado como exemplo por seus filhos ou em situações de desobediência, erro ou birra em que tem de discipliná-los, a sua postura deve ser mansa. Com isso, você estará ensinando um traço de caráter fundamental para suas crianças, que se tornarão adultos mais bem equipados para lidar com as situações adversas da vida. Homens e mulheres que tratarão o próximo de modo mais civilizado e, assim, construirão uma sociedade melhor e mais pacífica.

Reflexos no caráter da criança
Virtude: mansidão

Submissa: Obedecer com uma atitude doce aos que têm autoridade sobre ela.

Obedeçam aos seus líderes e submetam-se à autoridade deles. Eles cuidam de vocês como quem deve prestar contas. Obedeçam-lhes, para que o trabalho deles seja uma alegria e não um peso, pois isso não seria proveitoso para vocês.

Hebreus 13.17

Gentil: Considerar e ser delicada com as necessidades e os sentimentos dos outros.

Ao servo do Senhor não convém brigar mas, sim, ser amável para com todos, apto para ensinar, paciente.

2Timóteo 2.24

Humilde: Conhecer suas fraquezas e aceitar que sua vida pode ser influenciada por outros.

Da mesma forma, jovens, sujeitem-se aos mais velhos. Sejam todos humildes uns para com os outros, porque "Deus se opõe aos orgulhosos, mas concede graça aos humildes".

1Pedro 5.5-6

Mansa: Entregar pacificamente todas as coisas a Deus, mesmo o pensamento, aprendendo a viver serenamente em submissão.

Quem é sábio e tem entendimento entre vocês? Que o demonstre por seu bom procedimento, mediante obras praticadas com a humildade que provém da sabedoria.

Tiago 3.13

Dica da Cris:

No momento em que você tem tudo para explodir com seu filho e em que ele tem certeza que você vai explodir... não exploda. Trate-o com mansidão e humildade. Isso será uma enorme lição para ele.

CAPÍTULO 9

FILHOS COM DOMÍNIO PRÓPRIO

COMO É DIFÍCIL PÔR EM prática esse traço de caráter! Preso no trânsito, em um engarrafamento interminável, com um calor insuportável, as crianças chorando no banco de trás, outros carros enfiando-se em sua frente... meu Deus, como ter domínio próprio nessa hora para não explodir e dar um péssimo exemplo para nossos filhos? É difícil, mas não impossível.

A Bíblia está repleta de citações sobre sabedoria, moderação, sobriedade e comedimento — tudo intimamente relacionado a domínio próprio. Lendo as Escrituras somos ensinados a falar pouco e ouvir mais, não agir sem pensar, a ser prudentes quanto a nossas escolhas e muitos outros princípios que norteiam nosso modo de proceder.

A falta de domínio próprio valida um monte de atitudes ruins, como a pedofilia, visto que é baseada em justificativas como "Me deu vontade", "Eu gosto", "É natural". A tendência normal das crianças é beirar o descontrole nos seus pensamentos e em suas ações e, se não incutirmos nelas a importância de dominar nossos impulsos, estaremos sendo cúmplices na formação de jovens e adultos que não saberão exercer a civilidade exigida no convívio social nem se refrear diante de drogas, álcool, excessos alimentares e maus comportamentos.

O autocontrole é um hábito que deve ser desenvolvido desde cedo. Algumas atitudes, como sentar-se à mesa para as refeições e esperar pelos outros ou pedir licença para sair após o fim do jantar, são ensinamentos que devem ser passados pelos pais como um exercício de domínio próprio. A mesma coisa ocorre com aquilo que é dito: pais desbocados ou que falam o que pensam sem se preocupar com os outros estão ensinando os filhos a ser descontrolados.

Uma das situações relacionadas ao descontrole das crianças de hoje é a questão da obesidade infantil. Atualmente, nos deparamos com um número maior de obesos do que de subnutridos no Brasil: 10% das pessoas menores de idade no país estão na faixa da obesidade ou acima do peso ideal. A falta de controle alimentar das famílias brasileiras é gritante. Só que aí entra o exemplo paterno. Já visitei pais que se queixavam do fato de seus filhos só comerem salgadinhos. Quando fui investigar a casa e abri a gaveta debaixo do armário — que era de fácil acesso a elas — estava lotada exatamente de salgadinhos. Se essas crianças não tiverem domínio próprio vão sucumbir fácil às tentações.

Como pais, devemos ser modelos. Se quero ensinar a diminuir a quantidade de refrigerantes e doces que meu filho consome, devo começar por não comprar. Quando for para comer esse tipo de alimento, que seja apenas nos finais de semana. Permita-me perguntar: o que você quer para seu filho? Se percebe que precisa controlar a comida dele, porque está ficando obeso, surge logo outra dúvida: "O que vou preparar?". Procure começar organizando o cardápio da semana. Preveja antes o que vai fazer e servir. Inclua verduras, legumes e carnes grelhadas e tenha sempre uma fruta — todos os dias. Pode fazer doce? Sim, mas separe-os para sábados e domingos.

Lembro-me de um casal em que a mãe é obesa e o pai já fez uma cirurgia de redução de estômago. Eles reclamaram que na escola de seu filho não havia salgadinhos na hora do lanche porque uma nutricionista cuidava do cardápio. Então é fácil ver que é tal pai, tal filho. Essa situação me faz concluir que os pais não estavam demonstrando domínio próprio, e o filho caminhava na mesma direção.

Domínio próprio exige abrir mão

Uma história bíblica mostra claramente um homem que teve domínio próprio e abriu mão, em nome do que era certo, daquilo que poderia lhe proporcionar prazer e vantagens. As Escrituras relatam a história de José, homem vendido pelos próprios irmãos como escravo que acabou sendo comprado por Potifar, um oficial do faraó do Egito e capitão da guarda. Mas aí aconteceu o imprevisto. A esposa do seu senhor começou a cobiçá-lo e tentou seduzi-lo, convidando-o explicitamente para uma noite a dois. O que fez José? Cheio de domínio próprio, respondeu:

> "Meu senhor não se preocupa com coisa alguma de sua casa, e tudo o que tem deixou aos meus cuidados. Ninguém desta casa está acima de mim. Ele nada me negou, a não ser a senhora, porque é a mulher dele. Como poderia eu, então,

cometer algo tão perverso e pecar contra Deus?" Assim, embora ela insistisse com José dia após dia, ele se recusava a deitar-se com ela e evitava ficar perto dela.

Gênesis 39.8-10

Seria a coisa mais fácil do mundo ter cedido. Ninguém saberia e José ainda poderia desfrutar de vantagens que essa relação ilícita com a mulher de seu senhor poderia lhe oferecer. Mas ele era um homem de valores e, sabendo que aquilo estava errado, dominou a si próprio e fugiu do adultério.

Hoje, as crianças não gostam nem um pouco de abrir mão. Se você avisar que precisam desligar o *videogame*, pode ter certeza de que vai ouvir reclamações. Dizer que está na hora de sair da internet para passar um tempo em família é, no mínimo, motivo para ouvir resmungos rabugentos. A maioria quer ficar no joguinho, na frente do computador, isso é fato. As crianças chegam ao ponto de querer — sempre, se os pais deixarem — comer na frente do computador ou da televisão. Em um dos episódios de meu programa presenciei um menino com um prato de macarrão sentado diante do computador, depois de já ter ficado a manhã inteira lá. Fico me perguntando em que tipo de adulto aquela criança vai se transformar.

A vida atual exige de nós uma atividade mental muito rápida para darmos conta das coisas. Quando vejo pais reclamando dos filhos que ficam boa parte do dia na internet, explico a necessidade que a criança tem dessa vivência para entrar no ritmo do século 21 — só que isso precisa ocorrer de maneira controlada. Simplesmente a privação da tecnologia não resolve. O cérebro dela tem de ser ativado dessa maneira, para dar conta das atividades. As crianças de hoje conseguem assistir à televisão, ouvir música e falar ao telefone ao mesmo tempo, algo que muitos pais não conseguem fazer.

Paradoxalmente, se por um lado o cérebro precisa desse estímulo para entrar no ritmo da nossa época, todo esse excesso de informação pode gerar a falta de autocontrole. Funciona quase que como uma droga, ficamos viciados. Já lidei com casos em que as crianças acordavam e iam diretamente checar seu Facebook. Esse descontrole demonstra a falta de domínio próprio.

Pais controlados, filhos moderados

Nessa questão, é de extrema importância que o pai tome consciência do que exatamente quer para o futuro do seu filho. Pois é muito mais fácil dar o que ele pede para deixá-lo quietinho e satisfazer-lhe todas as vontades do que entrar num cabo-de-guerra de pode-não-pode. Só que você deve sempre se perguntar que consequência aquilo terá em longo prazo. Basta comprar um balde de pipoca ou enchê-lo de salgadinhos enquanto assiste a um desenho na televisão e o pequeno ficará mansinho. Mas será esse o tipo de mansidão que se deseja? Pois, dessa forma, é fácil controlar a situação, mas e as consequências de tudo isso? Se por um lado, a sabedoria bíblica adverte que "quem cultiva o mal e semeia maldade, isso também colherá"[1] por outro conforta ao dizer "quem semeia a retidão colhe segura recompensa."[2] Pense que você está educando alguém que será no futuro exatamente como está sendo preparado para ser — seja mau ou reto.

Filhos moderados são aqueles cujos pais dão exemplo de controle na organização das coisas. Percebo certa glamourização de muitas pessoas ao reclamar da falta de tempo, da agenda cheia de compromissos. Elas se gabam, dizendo "Eu trabalho demais, não tenho tempo nem para comer", como se fosse uma vantagem. Só que isso se torna um redemoinho e, na verdade, a falta de domínio próprio sobre a própria rotina — privilegiando outras atividades em detrimento dos próprios filhos — não é uma qualidade da qual se gabar: é um defeito.

Quando trabalhava em escolas, a certa altura eu e minhas colegas não tínhamos tempo nem para almoçar, numa total falta de temperança. Na hora do lanche, nos entupíamos de guloseimas. Chegou um ponto em que um grupo de médicos que trabalhavam comigo nos chamou para uma conversa. Disseram-nos:

— Vocês têm que parar com isso e estabelecer um limite. Se têm direito a uma hora de almoço, parem e vão almoçar. — O mesmo deve ser feito dentro de casa.

Algo que me chama muito a atenção é a solicitação das mães por uma cronograma diário. Para mim isso soa absurdo, pois como querem que eu organize a rotina de seus próprios filhos se elas é que sabem o que querem deles? Muitas vezes não tenho a menor ideia do que aquela criança faz. Não sei que atividades desempenha durante o dia, com que e quem costuma brincar, se a casa tem ou não um quintal, se mora em condomínio, se faz aula de inglês ou judô... enfim, como vou estabelecer a rotina para alguém que eu não conheço? Um pedido como esse mostra pais descontrolados.

É nessa hora que percebo que eles não têm ideia do que fazer. Respondi a um *e-mail* dias atrás em que uma mãe dizia o seguinte: "Tenho um filho de 1 ano e quero que você me diga o que fazer com ele. Trabalho e, quando estou com ele, não sei o que fazer além de brincar". Respondi apenas que, na verdade, ela teria de continuar brincando, porque brincar é a maneira de a criança aprender as coisas, socializar com os pais. E minha dica era que mudasse as brincadeiras com bastante frequência. Poderia ler uma história, assistir a um filme com ele, conversar.

Fico preocupada quando os pais não sabem o que fazer com seu filho. Mais ainda quando vejo que o apóstolo Pedro estabelece uma relação direta entre domínio próprio e amor, incluindo esses traços de caráter entre aquilo que evita que nos tornemos inoperantes:

> Empenhem-se para acrescentar à sua fé a virtude; à virtude o conhecimento; ao conhecimento o domínio próprio; ao domínio próprio a perseverança; à perseverança a piedade; à piedade a fraternidade; e à fraternidade o amor. Porque, se essas qualidades existirem e estiverem crescendo em sua vida, elas impedirão que vocês, no pleno conhecimento de nosso Senhor Jesus Cristo, sejam inoperantes e improdutivos.
>
> 2Pedro 1.5-8

Lembre-se de que, na escola, o controle é constante. Existe uma programação que a criança segue diariamente. Há um horário para cada coisa, não dá para fazer o se quer a qualquer momento. Isso também é uma forma de treinar os pequenos a viver dentro de uma previsão — e o mesmo deve acontecer dentro de casa. Pais têm de ter domínio próprio para se informar, organizar, estruturar e praticar com os filhos aquilo que é o certo e, em última análise, é o melhor para as crianças. E isso tem um nome: rotina.

O primeiro fato que temos de entender quando formos falar sobre esse assunto é que rotina tem a ver com organização e não com chatice. Estabelecer regras, tarefas e horários dá segurança para você e a criança. Quando fazemos uma *check list* dos afazeres diários, é possível saber se vamos dar conta de executar o que foi programado. Ao final do dia, teremos controle sobre que itens foram cumpridos. Se deu tudo certo, o fato deve ser comemorado como um triunfo.

Controlar seu tempo e organizar a rotina evita estabelecer alvos absurdos e quebra a sensação de frustração quando, ao final do dia, você se dá conta de que não conseguiu aproveitar bem todos os minutos de que dispunha. A Bíblia já fala sobre a importância de separar um tempo certo para cada coisa:

> Para tudo há uma ocasião certa; há um tempo certo para cada propósito debaixo do céu: Tempo de nascer e tempo de morrer, tempo de plantar e tempo de arrancar o que se plantou, tempo de matar e tempo de curar, tempo de derrubar e tempo de construir, tempo de chorar e tempo de rir, tempo de prantear e tempo de dançar, tempo de espalhar pedras e tempo de ajuntá-las, tempo de abraçar e tempo de se conter, tempo de procurar e tempo de desistir, tempo de guardar e tempo de jogar fora, tempo de rasgar e tempo de costurar, tempo de calar e tempo de falar, tempo de amar e tempo de odiar, tempo de lutar e tempo de viver em paz.
>
> Eclesiastes 3.1-8

Toda essa administração do tempo tem relação direta com domínio próprio. Faça para seu filho um cronograma diário, estabelecendo um momento para cada coisa e detalhe para a criança toda a *check list:* demonstre em qual horário ela vai brincar, em qual vai assistir a TV, quando vai parar para se sentar à mesa e fazer a refeição, a hora em que vai tomar banho. Isso dá segurança e cria o princípio de que existe tempo para tudo — além de exercitar o autocontrole. Pois a criança saberá, por exemplo, que, por mais divertido que esteja o *videogame*, chegou a hora combinada de jantar em família. E abandonar um jogo que está sendo o máximo exige muito domínio próprio.

A rotina deve ser flexível. Se quatro e meia da tarde era o horário agendado para brincar fora, mas está chovendo, não tem jeito: é preciso trocar, alterar a hora e assistir à televisão primeiro e, depois, se a chuva passar, as crianças podem sair para o quintal.

Expressão de sentimentos e autocontrole

Filhos moderados não são aqueles com dificuldades de expressar seus sentimentos, mas sim os que aprenderam a dominar a si próprios. Quando sentem raiva de alguém, sua reação instintiva é explodir, gritar, querer bater. É nesse momento que você deve ensinar a criança a se controlar, dizendo algo como: "Olha, eu sei que você está sentindo raiva do seu irmãozinho, do seu amiguinho, mas não precisa bater assim nele, não precisa xingar desse jeito. Tem que controlar essa ira".

Explico muito para os pais uma regrinha básica: não existe choro sem motivo. Se a criança tem uma dor de cabeça, dor de estômago, se bateu o joelho ou caiu da bicicleta, vai doer e ela vai chorar — isso é natural. Chorar sem motivo é sinônimo de birra ou manha. No seu dia a dia, use frases como: "Você não precisa gritar, é só falar o que quer."; "Eu preciso saber, se eu posso eu dou para você, mas não precisa se jogar no chão, não precisa fazer esse escândalo." Dessa maneira, você a está ensinando a se controlar e se expressar por meio de conversas. Esse é o caminho correto para o exercício do domínio próprio.

Como podemos incentivar os nossos filhos a ter segurança para expressar seus sentimentos? Quando eu era criança, meu pai ficava louco comigo porque, quando eu estava me sentindo mal ou escondia alguma coisa que ele não podia saber, apenas chorava. Ele me dizia:

— Fala. Não chora, fala!

Dê a chance para seu filho expressar o que está sentindo. Pare e escute com atenção o que tem a dizer. Isso não quer dizer que você vai concordar com tudo, mas a maneira como você o ouve faz toda a diferença.

O consumismo desenfreado também é sinal de falta de controle. Somos estimulados desde cedo a querer comprar tudo o que vemos. É uma compulsão: você já está cheio de coisas e quer mais. Jesus ensinou a dar o devido valor aos bens materiais e não uma importância exagerada: "Façam para vocês bolsas que não se gastem com o tempo, um tesouro nos céus que não se acabe, onde ladrão algum chega perto e nenhuma traça destrói. Pois onde estiver o seu tesouro, ali também estará o seu coração."[3]

A prova desse descontrole no trato com o dinheiro e no consumo é o alto índice de inadimplência, no Brasil, de pessoas que gastam nos cartões de crédito sem conseguir administrar as dívidas. Essa compulsão revela uma total falta de domínio próprio. Moderação é algo que adquirimos com a maturidade. Não vai acontecer com seu filho de um dia para o outro. Aprendemos a controlar nossos desejos conforme amadurecemos, e cabe a você ensiná-lo desde pequeno sobre o controle das finanças e o domínio sobre o consumismo.

Com a chegada da adolescência, outros exercícios de autocontrole começam a surgir. Com os sentimentos e desejos sexuais à flor da pele é normal que a criança comece a ter curiosidade para saber sobre sexo. Nessa fase, como pais, vocês deverão assumir o controle e ensinar aos filhos aquilo que é bom e o que não é. Eles sempre vão acreditar que podem tudo. Por isso, para que entendam que o acesso a pornografia não é algo de acordo com a idade que têm, você terá de pôr senha na televisão e na internet — como forma de ensiná-los a controlar suas sensações e seus desejos.

Recentemente ouvi alguém falar sobre a dificuldade que as pessoas nascidas nos anos quarenta, cinquenta e sessenta tinham para conseguir pornografia. Era sempre "Eu tenho um amigo que tem uma revista sueca". Hoje, isso está ao alcance das crianças, a um clique de distância. Se você não puser uma senha na TV ou na internet, seu filho terá acesso fácil a conteúdo erótico. E talvez essa seja uma das áreas da vida em que menos conseguimos exercer o domínio próprio: a sexualidade. Nesse sentido, vejo a tecnologia como uma faca de dois gumes, pois, por um lado, tem facilitado muito a nossa vida, mas, por outro, tem contribuído muito para a falta de temperança.

A precocidade tem alcançado nossos filhos com uma força voraz. Não só na área da sexualidade, mas também da estética, do vestuário, dos gostos... é uma lista bem extensa. E tudo isso tem de ser trabalhado com conversas e, principalmente, com exemplos.

O que você quer para o seu filho? Que valores deseja transmitir para ele? Será que você tem domínio próprio suficiente para abrir mão dos seus direitos pensando naquilo que quer transmitir para suas crianças e que terá reflexos por toda a vida? Pense em filhos como flechas nas mão do arqueiro que é você e responda: em que direção você quer lançá-lo? A resposta a essa pergunta pode fazer toda a diferença.

Reflexos no caráter da criança
Virtude: domínio próprio

- **Autodisciplinada:** Controlar-se mediante a obediência ao que é certo.

  Afastem-se de toda forma de mal.

  1Tessalonicenses 5.22

- **Econômica:** Aprender a ser moderada e a administrar o tempo, o dinheiro e os recursos disponíveis.

  Uma esposa exemplar; feliz quem a encontrar! É muito mais valiosa que os rubis. [...] Antes de clarear o dia ela se levanta, prepara comida para todos os de casa, e dá tarefas às suas servas. Ela avalia um campo e o compra; com o que ganha planta uma vinha. Entrega-se com vontade ao seu trabalho; seus braços são fortes e vigorosos. Administra bem o seu comércio lucrativo, e a sua lâmpada fica acesa durante a noite.

Provérbios 31.10; 15-18

Moderada: Não ser exagerada em atitudes ou coisas, especialmente com relação a gostos e apetites.

Porque a graça de Deus se manifestou salvadora a todos os homens. Ela nos ensina a renunciar à impiedade e às paixões mundanas e a viver de maneira sensata, justa e piedosa nesta era presente.

Tito 2.11-12

Dica da Cris:

Pais, se for preciso mudar alguns de seus hábitos visando ao bem-estar de suas crianças, não hesitem: mudem!

UMA PALAVRA FINAL

Tenho certeza de que você, que é pai ou mãe, quer que seu filho seja uma pessoa de caráter, que vai contribuir para fazer do mundo um lugar melhor. Para alcançar esse objetivo, não existe estratégia ou método pedagógico melhor do que o seu exemplo pessoal. Você é um manancial de influências, e tudo aquilo que fluir das suas palavras e atitudes desembocará na vida de suas crianças, que represarão cada expressão dita e cada gesto seu e os transformarão em valores e ações próprios.

Se você transmitir amor, seu filho será amoroso. Sua alegria ecoará no sorriso dele. Ao pacificar, ensinará a importância da paz. A paciência nos momentos de maior irritação servirá de modelo de comportamento. Amável, formará filhos que passam adiante amabilidade. Ao demonstrar bondade, seus herdeiros terão orgulho de ser bons como você. A sua constante fidelidade será parâmetro para fazer deles homens e mulheres fiéis. Com temperamento manso, derrubará os arroubos de furor — seus e deles. E, ao demonstrar domínio próprio, você será um grande exemplo de autocontrole para seus filhos.

Os nove traços de caráter listados pelo apóstolo Paulo na Bíblia, o chamado *fruto do Espírito*, são um resumo de virtudes que ajudam a construir uma personalidade sólida, íntegra e exemplar. Independentemente da sua religião, se você tomar para si esses valores e os puser em prática, sua vida trará grandes contribuições para a sociedade e, mais do que tudo, servirá de parâmetro para que seus filhos desenvolvam um caráter do qual você certamente se orgulhará.

Que você seja sempre uma referência positiva na vida de seus filhos. Dialogue, estabeleça regras, perdoe, seja terno mas firme, discipline, doe seu tempo, reconcilie, tolere, escolha bem as palavras, exerça a generosidade, elogie, demonstre humildade, abra mão, seja amigo. E, mais do que tudo, ame. Pois, sem dúvida alguma, não há entre pais e filhos vínculo maior, mais importante, influente e duradouro do que o amor.

CRIS POLI

NOTAS

Introdução

[1] Provérbios 1.8.

Capítulo 1

[1] João 3.16.

[2] O capítulo 13 da primeira epístola de Paulo aos coríntios diz: "Ainda que eu fale as línguas dos homens e dos anjos, se não tiver amor, serei como o sino que ressoa ou como o prato que retine. Ainda que eu tenha o dom de profecia e saiba todos os mistérios e todo o conhecimento, e tenha uma fé capaz de mover montanhas, se não tiver amor, nada serei. Ainda que eu dê aos pobres tudo o que possuo e entregue o meu corpo para ser queimado, se não tiver amor, nada disso me valerá. O amor é paciente, o amor é bondoso. Não inveja, não se vangloria, não se orgulha. Não maltrata, não procura seus interesses, não se ira facilmente, não guarda rancor. O amor não se alegra com a injustiça, mas se alegra com a verdade. Tudo sofre, tudo crê, tudo espera, tudo suporta. O amor nunca perece; mas as profecias desaparecerão, as línguas cessarão, o conhecimento passará. Pois em parte conhecemos e em parte profetizamos; quando, porém, vier o que é perfeito, o que é imperfeito desaparecerá. Quando eu era menino, falava como menino, pensava como menino e raciocinava como menino.

Quando me tornei homem, deixei para trás as coisas de menino. Agora, pois, vemos apenas um reflexo obscuro, como em espelho; mas, então, veremos face a face. Agora conheço em parte; então, conhecerei plenamente, da mesma forma como sou plenamente conhecido. Assim, permanecem agora estes três: a fé, a esperança e o amor. O maior deles, porém, é o amor".

[3] Gálatas 5.22-23.

[4] 2Coríntios 5.14.

[5] *Salmistas* é a qualificação que se dá às pessoas que escreveram os salmos da Bíblia. Entre os salmistas estão o rei Davi, o rei Salomão, Moisés e outros menos conhecidos, como um homem chamado Asafe, outro chamado Etã e os descendentes de Corá. Muitos dos 150 salmos bíblicos não trazem identificado seu autor.

[6] Salmos 139.13-14.

[7] Marcos 12.33.

[8] Provérbios 29.17.

[9] Provérbios 13.24.

[10] 1João 5.3.

[11] Provérbios 19.18.

[12] Mateus 28.20.

[13] Atos 20.35.

[14] 1Pedro 2.23.

Capítulo 2

[1] Salmos 127.3.

[2] Cf. Mateus 3.17; 17.5; Marcos 1.11; Lucas 3.22; 2Pedro 1.17.

[3] 2Pedro 1.17.

[4] Salmos 150.6.

[5] 1João 3.24.

[6] 1João 5.3.

[7] João 15.10.

[8] Salmos 112.1.

[9] Salmos 119.35.

[10] Salmos 119.143.

[11] Salmos 119.47.
[12] O TOC se caracteriza pela presença de obsessões e/ou compulsões severas, que causam desconforto e prejudicam o desempenho profissional e os relacionamentos pessoais. Suas formas mais comuns são a necessidade repetida de lavar as mãos ou o corpo, repetições, rituais ilógicos ou ter a mente invadida por pensamentos, palavras ou frases de forma obsessiva.
[13] Mateus 8.20.
[14] Lucas 22.15.
[15] Marcos 14.34.
[16] Lucas 22.44.

Capítulo 3

[1] Provérbios 15.1.
[2] Provérbios 22.6.
[3] Cf. Romanos 5.11; 2Coríntios 5.19.
[4] Cf. Mateus 6.9; Atos 6.4; Colossenses 4.2; Romanos 12.12; Tiago 5.15; 1Pedro 4.7; Lucas 1.13; Atos 12.5; Salmos 6.9; Provérbios 15.29.

Capítulo 4

[1] Cf. Dicionário Priberam da Língua Portuguesa <http://www.priberam.pt/dlpo/default.aspx?pal=paciência>. Acesso em 22 de abr. de 2013.
[2] Tiago 5.7.
[3] Cf. Isaías 7.13; Romanos 2.4; 9.22.
[4] Efésios 5.1.
[5] Cf. João 14.9; Hebreus 1.3.
[6] Romanos 12.10.

Capítulo 5

[1] Hebreus 4.15.
[2] Mateus 23.13; 33.

[3] Gênesis 37.2.
[4] Provérbios 13.24.
[5] Colossenses 4.6.
[6] Hebreus 12.11.
[7] Cf. Dicionário Priberam da Língua Portuguesa <http://www.priberam.pt/dlpo/default.aspx?pal=agredir>.
[8] Mateus 6.10.
[9] Hebreus 12.7.
[10] João 13.15.

Capítulo 6

[1] Lucas 10.25-37.
[2] Efésios 4.32. Cf. Gênesis 21.1; Êxodo 1.20; Rute 2.20; 1Samuel 2.21; 2Reis 13.23; 2Crônicas 1.8; 30.9; Neemias 2.18; 9.17; Jó 10.12; Salmos 86.5; 143.10; 145.13.
[3] 1Tessalonicenses 5.15.
[4] Salmos 37.21.
[5] Salmos 112.5.
[6] Mateus 5.7.
[7] Tiago 2.13.
[8] Judas 2.
[9] 2Timóteo 1.2. Cf. Gálatas 6.16.
[10] 2João 3.
[11] Efésios 2.4-5.
[12] Hebreus 10.24.
[13] 1Timóteo 6.18-19.
[14] Gênesis 25.22.
[15] Gênesis 25.28.
[16] Gênesis 27.41.
[17] Atos 20.35.

Capítulo 7

[1] Mateus 23.23.
[2] Êxodo 20.16.

[3] Números 20.12.
[4] Mateus 18.21-22.
[5] 1Pedro 2.16.
[6] Cf. Dicionário Priberam da Língua Portuguesa <http://www.priberam.pt/dlpo/default.aspx?pal=liberdade>. Acesso em 29 de abr. de 2013.
[7] Colossenses 3.20.
[8] Êxodo 20.12.

Capítulo 8

[1] Isaías 53.7.
[2] Mateus 28.18.
[3] Mateus 11.29.
[4] João 13.12-14.
[5] Gálatas 6.1.

Capítulo 9

[1] Jó 4.8.
[2] Provérbios 11.18.
[3] Lucas 12.33-34.

SOBRE A AUTORA

A EDUCADORA CRIS POLI TORNOU-SE conhecida em todo o país quando foi selecionada para comandar a versão brasileira do programa de televisão *Supernanny*. Casada há 45 anos, é mãe de três filhos e avó de cinco netos. Argentina de nascimento, formou-se em Educação em seu país natal. Mudou-se para o Brasil há 37 anos, onde estudou licenciatura em Letras, Inglês-Português, na Universidade de São Paulo. Autora de cinco livros, atua como palestrante em instituições de ensino e empresas. É membro da Igreja Cristã do Morumbi, em São Paulo (SP).

Conheça outras obras de

Cris Poli

- Pais responsáveis educam juntos

Compartilhe suas impressões de leitura escrevendo para:
opiniao-do-leitor@mundocristao.com.br
Acesse nosso *site:* www.mundocristao.com.br

Diagramação: Luciana Di Iorio
Gráfica: RR Donnellley
Fonte: Adobe Caslon Pro
Papel: Lux Cream 70 g/m² (miolo)
Cartão 250 g/m² (capa)